HISTOIRE

DES

JUGES CONSULS

ET DU

Tribunal de Commerce
de Marseille

PAR

M. Léon MAGNAN

Ancien Président du Tribunal de Commerce de Marseille

MARSEILLE

TYPOGRAPHIE ET LITHOGRAPHIE BARLATIER

17-19, Rue Venture, 17-19

—

1906

À Monsieur Lachamp
Notaire

Souvenir du cousin

Magnin

L

.

HISTOIRE

DES

JUGES CONSULS

ET DU

Tribunal de Commerce de Marseille

HISTOIRE

DES

JUGES CONSULS

ET DU

Tribunal de Commerce
de Marseille

PAR

M. Léon MAGNAN

Ancien Président du Tribunal de Commerce de Marseille

MARSEILLE
TYPOGRAPHIE ET LITHOGRAPHIE BARLATIER
17-19, Rue Venture, 17-19
—
1906

INTRODUCTION

Si les personnes qui s'inspirent encore des belles actions et des anciennes vertus de notre race éprouvent tant de charme à en savoir l'attachant récit, quel plaisir n'auront-elles pas à écouter l'histoire de leur propre famille, alors qu'elle est toute faite de ces belles actions et de ces vertus ; et si plus encore c'est un des leurs qui la raconte et la fait revivre l'intérêt se doublera, je le crois, pour elles sans que leur raison ne soit surprise ni leur modestie blessée au cas où l'historien la voudrait exposer et dire à l'effet d'en tirer réconfort pour les vivants aussi bien qu'un témoignage en faveur des morts.

C'est dans cet espoir et ce double dessein que j'ai formé l'entreprise d'écrire l'histoire de la Famille Consulaire de Marseille, et que je la dédie à tous ses membres encore vivants.

Je dois les principaux documents de cette première partie à M. Joseph de Barbarin, l'érudit Marseillais bien connu, à qui j'adresse ici tous mes remerciements.

HISTOIRE

DES

JUGES CONSULS

ET DU

TRIBUNAL DE COMMERCE DE MARSEILLE

Par Léon MAGNAN

Ancien Président du Tribunal de Commerce de Marseille

PREMIÈRE PARTIE

Les origines de la Justice Consulaire à Marseille. — Les
ordonnances de Pierre de Meollion et de Jean de Cossé.
— Les lettres patentes du bon roi René et de Charles IX. — La lutte des Juges Consuls avec les tribunaux
de l'Amirauté. — Nomination des Juges Consuls. —
La procédure suivie devant eux. — Leur costume, leur
siège et leur palais. — Les greffiers du Tribunal
Consulaire. — La prison pour dette. — Le droit de
suite. — Les faillites. — Considérations générales et
morales sur les Juges Consuls avant la Révolution.

Qui n'a pour ses origines un particulier attrait !
Dès qu'on est arrivé à la pleine maturité de son
intelligence, de ses forces, de sa fortune la sollicitude de l'avenir moins intense et vivace cède le pas
à la curiosité du passé. D'où vient-on ? Où donc
apparaît pour la première fois le nom de ses aïeux ?
Où donc se reconnaît la trace incertaine et fugitive
de cette longue caravane, race ou famille, qui

remontant le cours des âges est enfin parvenue jusqu'à nous ? Et la recherche du berceau avant que ne
commence à se creuser la tombe devient l'attachant
mobile de nos pensée ; mais à cette curiosité générale se joint, en outre, pour l'historien, un tel intérêt
de respect et de préséance à l'égard de son héros ou
de son sujet que, si fatigué qu'il soit de remonter aux
sources, il essaie le plus possible de les reculer,
heureux si, passant à côté d'elles sans les voir, soit
négligence soit même conseil, il ne tente pas quelquefois de les mettre là, où les recherches historiques
ne peuvent l'atteindre, ni l'esprit de critique le
désavouer.

Je n'agirai pas ainsi et, si désireux que je sois à mon
tour pour les vénérer davantage de reculer leur âge
avancé, je ne donnerai qu'une date bien certaine à la
naissance des Juges Consuls et, partant, à celle de
notre Tribunal de Commerce.

Cette naissance ne fut pas spontanée et comme
elle se rattache aux origines de la France contemporaine, force est d'y recourir si l'on veut trouver
mélangées avec tant d'autres les clefs de notre droit
consulaire actuel.

L'empire gallo-romain en s'écroulant n'avait
laissé que des ruines. Celle du prétoire amena la
mort du préteur et la justice avec sa belle ordonnance faite par dix siècles de législateurs n'eut plus
qu'une existence précaire. Réduite au rôle de sup-
pliante, si elle ne parvint que rarement à forcer la
porte du conseil des rois, moins encore vint-elle au
secours des particuliers et, lasse de se produire sans
trouver nulle part d'établissement durable, elle finit
par passer en tant de mains qu'elle ne fut plus respectée par personne.

La chose fut peu sensible à l'immense quantité de
ceux qu'intéressait seul, à cette époque, le plus grand

des soucis, celui de vivre, et qui, dans l'indigence presque absolue de tout bien propre, avaient peu de prétextes à litiges ; elle intéressa moins encore les puissants à qui restait toujours la justice des armes, mais il apparaîtra clairement que les trafiquants, artisans et marchands eurent le plus à souffrir de cette pauvreté et de cette anémie de la justice retirée un peu partout, ne siégeant entière nulle part imprécise et sans lois.

De là naquit certainement pour les marchands la nécessité de recourir dans leurs litiges à des arbitres de leur choix et de leur domaine, agissant vite, sans appel, sans coûteuse procédure et surtout mystérieusement, car l'intérêt majeur était de fuir l'intervention des puissants aussi bien pour échapper à leur justice coûteuse faite souvent de bon plaisir, que pour ne pas donner prétexte et prise à l'investigation de biens encore trop peu défendus contre les abus de leur violence.

C'est ainsi que durant le cours des ixme, xme, xime et xiime siècles et surtout dans les foires, où se traitaient alors les principales affaires de ces temps, on trouve constamment des traces de ce recours des marchands à leurs pairs comme arbitres.

La pièce de monnaie donnée très anciennement par le courtier aux parties contractantes (1), le serrement de mains (la pacho) qui est resté de nos jours encore chez les bouchers le symbole de la perfection de la vente ou de l'achat contiennent comme corollaire et les parties le savent, ce recours en cas de contestation.

Mais ce recours était-il lui-même une tradition du passé ?

M. Octave Noël dans son *Histoire du Commerce du*

(1) Foires de Marseille (Statistique des Bouches-du-Rhône).

Monde dit à propos de la Grèce et à ce sujet : « La
« police du Commerce et sa surveillance étaient
« confiées à un personnel nombreux de magistrats
« chargés de juger les contestations spéciales rela-
« tives à l'importation et à l'exportation, de vérifier
« les poids et mesures, de mesurer les grains, d'ins-
« pecter les marchés et d'assurer le fonctionnement
« des services maritimes. C'est ainsi qu'ils veillaient
« à l'exécution des règlements spéciaux fixant pour
« les navires à destination du pont Euxin la date de
« leur départ et les conditions de leur traversée. »
(Page 40).

De son côté, dans *Ses Origines de la Juridiction
Consulaire à Marseille*, M. Thierry ne doute pas que
la Grèce ne connut l'institution des arbitres commerciaux. Il en treuve la preuve dans la harangue de
Démosthènes contre Apaturios qui y fait allusion et
dans l'adoption par la Colonie Marseillaise des *lois
nautiques* qui mentionnent le recours à ces arbitres.

Quoique l'on puisse voir dans les magistrats dont
parle Noël des fonctionnaires plutôt que des commer-
cants, quoique l'on puisse dire de l'opinion de
M. Thierry qu'elle est du domaine de la théorie plus
que de celui des faits ; il est possible, je vais même
plus loin, il est infiniment probable que les anciens
connurent, mais à l'état inorganique je puis dire, les
arbitres commerciaux et ce qui est certain c'est que
ces derniers ne commencèrent à avoir une personnalité qu'à l'époque du moyen-âge, car s'ils avaient
eu antérieurement une notoriété quelconque, il n'est
pas admissible qu'avec leur esprit pratique et leur
législation avancée, les Égyptiens, les Grecs, les
Romains, et surtout les Juifs n'en eussent consacré
l'usage par quelque disposition légale qui, avec tant
d'autres, fût parvenue jusqu'à nous. S'ils ne l'ont pas
fait, c'est que le Préteur, peut-être, suffisait à tout ou,

plus exactement, que le commerce encore peu déve-
loppé n'avait jamais jusque-là senti la nécessité d'y
faire appel.

Il en est tellement ainsi qu'au XIIIᵉ siècle, encore
d'après les vieilles procédures de la famille Manduel
exhumées par l'archiviste Blancard, ces négociants
avisés ne recoururent jamais qu'à la justice civile,
chose qu'avec leur esprit d'économie ils n'eussent
sûrement pas faite s'ils avaient eu à leur disposition
le recours organisé et pratique à l'arbitrage des
Marchands. Du reste, de même que la nature ne
crée ou ne modifie un organe qu'à la demande d'une
fonction, une institution ne s'établit, ne se soutient
et ne se développe que lorsqu'elle correspond à
d'impérieux besoins.

Ces besoins commencèrent à se manifester vivaces
vers la fin des Croisades où la mobilisation des
biens fonds des Croisés aliénant, hypothéquant
leurs terres aux Juifs Lombards pour s'armer eux et
leurs vassaux, avait dirigé vers les ports d'embar-
quement une abondance de capitaux inconnue
jusque là ; avec ces capitaux étaient venues des
marchandises ; avec ces marchandises s'étaient
établies des relations suivies entre Marseille et les
pays d'Outre Mer, depuis que les Croisés y abor-
daient sans cesse, y guerroyaient sans merci et y
fondaient des empires.

Ces relations, fort anciennes quoique moins importantes qu'à l'époque dont nous parlons, avaient après
une très longue interruption repris leur activité vers
la fin du XIᵉ siècle et c'est l'histoire de cette renais-
sance que l'on pourrait prendre comme introduction à celle des Juges Consuls.

Il s'est, en effet, passé là un fait curieux contraire
en l'espèce à ce qui arrive d'habitude. Marseille a
exporté les Juges Consuls bien avant d'en faire usage

chez elle et c'est la Sentence consulaire rendue au Levant qui a été la cause indirecte, mais la véritable cause, de l'introduction à Marseille de la justice des Marchands.

Voici comment la chose se fit.

Après la mort de Charlemagne, qui avait essayé par tous les moyens de renouer avec Aroun Al Raschid, celui des mille et une nuits, les anciennes relations que Marseille avait autrefois avec le Levant, nos pères connurent de fort mauvais jours.

Les pirates détruisirent une partie de la flotte créée à l'effet d'entretenir ces relations, les tempêtes firent le reste. Dès lors les Marseillais manquant d'industrie, de courage ou d'activité se virent réduits pour tout commerce à un maigre cabotage entre le Languedoc d'une part et les ports italiens de l'autre.

Sans commerce la faim se fit sentir et ils en arrivèrent à ce point d'extrême et de noire misère que plusieurs furent obligés de se vendre comme esclaves eux et leur famille pour subsister. On constate même encore à la fin du xiiie siècle des traces de cette dure nécessité.

« Ego a fame et penuria immenarabili cohactus, « vendo trado tibi et tuis heredibus in perpetuum « personnam meam et filiorum ad servitutis jugum. » (Les Manduel Blancard archiviste).

Ce ne fut qu'au milieu du xe siècle qu'entraînés par l'exemple des républiques italiennes les Marseillais se lancèrent, très timidement d'abord, avec plus de courage ensuite, dans ce commerce du Levant qui enrichissait alors tous ceux qui y touchaient.

Ce renouveau d'activité commerciale donna naissance d'abord à de sérieux intérêts maritimes ou de navigation. On pourvut à leur réglementation en adoptant les Coutumes et Ordonnances sur le fait de la Mer, tirées du livre : *Le Consulat de la Mer* contenant en 297 chapitres les maximes du droit maritime en usage dans la Méditerranée. Ces Coutumes et Ordonnances déjà en vigueur à Barcelone et à Valence (ce qui fait tomber toute prétention de Marseille à leur paternité) furent solennellement adoptées en 1162 dans la maison de l'hôpital, Hôtel de Ville de l'époque, en présence de Geoffroy Antoix, seigneur de Marseille, et jurées par lui (1).

C'est de cette époque que date l'élection faite exclusivement par les navigants, patrons et mariniers, d'un consul annuel et de deux juges pour connaître spécialement les litiges entre gens de mer ; juges qui furent le berceau de la Prud'homie sur laquelle se greffa plus tard l'Amirauté ; mais juges qu'il faut se garder de confondre avec les juges marchands qui vinrent au monde beaucoup plus tard.

Et, en effet, on le comprend, si les intérêts maritimes furent les premiers à se manifester, s'ils naquirent, on peut le dire, avec les premières expéditions que nos pères dirigèrent vers le Levant, leurs intérêts terrestres nés des acquisitions faites en terre du Levant, leurs intérêts nés surtout des privilèges qu'ils surent s'y créer lorsque les Croisades leur eurent permis de parler en maîtres, ne se manifestèrent que beaucoup plus tard. Ce fut vers la fin du XIIe siècle seulement et principalement au commencement du XIIIe que les Marseillais y étendirent leur influence. Ici, ils obtinrent un four, là, une rue, plus loin, tout un quartier, ailleurs même un port fortifié. Et comme tous ces privilèges, tous ces agrandissements n'allèrent pas sans contestations et batailles vis-à-vis des autorités de l'endroit.

(1) Grosson, *Almanach*, *Ruffi Hist. de Marseille.*

ce fut pour y mettre ordre que le 12 octobre 1253 le Conseil général de la ville décida « d'élire des consuls pour aller résider au Levant et partout où le commerce de Marseille est étendu afin de favoriser et de défendre les négociants » (1).

Arrivés sur les lieux, les consuls nommés à ces fins prirent d'abord la défense de leurs nationaux vis-à-vis des autorités locales, mais ils se prêtèrent ensuite gracieusement à régler toute contestation survenue entre eux.

Ce concours gracieux devint habitude, l'habitude devint loi, loi d'autant plus respectée qu'elle était toujours sujette à revision devant le Conseil général de la ville de Marseille, au retour dans sa patrie du négociant qui croyait avoir à s'en plaindre (2).

C'est ici, comme je l'ai dit plus haut, que cette justice du consul retour du Levant va s'implanter dans la cité.

En effet, lorsque le Conseil général, par suite d'événements politiques, céda sa place au viguier, celui-ci continua, comme fonction de sa charge, à faire l'office de Cour d'Appel pour le justiciable marseillais d'outre mer. Ce dernier trouvant la chose commode et expéditive établit à la longue une confusion volontaire entre ses affaires litigieuses du Levant et celles qui n'y avaient nul rapport et les porta toutes indifféremment devant le Viguier.

Par la porte ouverte de ce nouveau prétoire passa incontinent et à son exemple le Marchand résidant à Marseille et même l'Artisan, de telle sorte que, sans s'en douter, le Viguier se trouva devenir peu à peu compétent pour toutes les affaires commerciales, en concurrence avec les juges de droit commun.

(1) Thierry, Origines de la Juridiction consulaire à Marseille.
(2) Statuts de Marseille. Ruffi. Aug. Fabre.

Je dis compétent au sens juridique du mot, car le Viguier, toujours un grand seigneur, n'entendait goutte au contraire en choses du négoce ; aussi pour cette raison ou pour aller plus vite en besogne le voyons-nous, dès 1402, d'après les fragments de procédure retrouvés aux archives de la Ville, recourir aux lumières de Négociants connus et choisis pour solutionner les différends qu'on lui soumet de jour en jour plus nombreux. Comme en s'appuyant sur leur rapport les sentences qu'il rend sont frappées au bon coin et donnent toute sécurité *aux litigants mercantils, comme la chose du reste se pratique déjà avec succès et avantage dans les plus grandes villes du monde* et que partant la résolution qu'il va prendre ne peut être taxée d'exagération. Pierre de Meolhon, seigneur de Ribbies et viguier de Marseille, veut consacrer l'usage de ce recours préjudiciel des Marchands en causes de négoce et c'est ainsi qu'en 1455, assisté de Jean Martin, chancelier de Provence et juge du Palais, spécialement nommé à cet effet, il rend une ordonnance qui interdit désormais, aussi bien au Viguier qu'au juge du Palais ou de la Ville, de juger la cause des Marchands autrement que sur le rapport de deux d'entre eux à ce spécialement et annuellement nommés.

L'original de cette Ordonnance ne nous est pas parvenu, mais sa teneur suit tout au long dans celle que Jean de Cossé rendit à mêmes fins onze ans plus tard, le 20 juin 1466, et qui, elle, est la véritable charte de nos pouvoirs consulaires.

Cette Ordonnance de Jean de Cossé est en latin et se trouve aux archives de la Ville. La Chambre de Commerce en possède une copie dont la traduction en français remonte au XVIIIe siècle.

C'est celle que je donne ci-dessous, non sans avoir fait remarquer que le Viguier, l'ancêtre de notre

Tribunal de Commerce, ayant dès 1402 appelé le Marchand à la connaissance du différend Mercantil, on peut dire qu'à Marseille la justice consulaire a ses 500 ans bien accomplis.

ORDONNANCE de Jean de Cossé, Comte de Troyes, lieutenant du roi René, dans les Comtés de Provence, Forcalquier et terres adjacentes, qui confirme la Juridiction des marchands de la Ville de Marseille.

Jean de Cossé, Comte de Troyes, Lieutenant du Roi dans les Comtés de Provence, Forcalquier et Terres adjacentes faisons à tous, et un chacun présens et à venir qui ces présentes Lettres verront, ou entendront, que par Magnifiques personnages Pierre de Meolhon, Seigneur de Ribiès, Viguier, et Jean Martin, Chancelier de la Province, Juge du Palais de cette ville de Marseille, expressément commis de la part du Roi, pour travailler à la Réformation de la Justice, il avoit été fait par ci-devant une Ordonnance très sage et très avantageuse au bien public, pour terminer et décider en peu de temps sans forme, ni figure de procès, et sans involution de procédures, les contestations qui s'élèvent entre plusieurs Marchands ou Artisans, laquelle Ordonnance, après que les dits Viguier et Juge eurent fini le tems de l'exercice de leurs Charges, perdit par défaut d'observance, ou autrement, sa force et toute sa vigueur à cause que les loix qu'établissent les Magistrats, qui ne sont qu'annuels, ont besoin, pour être perpétuelles et stables, de l'autorité suprême. Cette Ordonnance contenoit les dispositions suivantes, et étoit conçue en ces termes :

« Comme il arrive souvent, des difficultés et des « contestations parmi les marchands au sujet de leur « commerce sont suivies de procès, menés avec tant « d'opiniâtreté qu'ils deviennent immortels, et dont les « poursuites coûtent des frais immenses, tandis cepen- « dant que lorsqu'il est question de la bonne foi, on ne « doit point s'arrêter aux subtilités ou pointilleries du « Droit. C'est pourquoi pour le bien et l'avantage de la

« République, comptant sur l'augmentation du commerce
« pour l'avenir, et à l'exemple de ce qui se pratique avec
« succès et avantage dans les plus grandes villes du
« monde, où pareilles contestations et débats sont ren-
« voyés à la décision et rapport des gens experts, et
« terminés sans toutes les solennités des Jugemens des
« autres causes, Nous qui sous l'autorité du Roi rem-
« plissons son Tribunal, et sommes obligés d'avoir une
« attention particulière à tout ce qui peut être avanta-
« geux à l'Université de cette grande ville, Statuons,
« voulons, et ordonnons que dorenavant les procès
« d'entre Marchands pour raison du commerce tant
« seulement pendants pardevant le Viguier, les Juges du
« Palais et de la Ville, où quelqu'un d'eux seront jugés
« par les dits Viguiers et Juges, où l'un d'eux sans aucune
« formalité ou solennité de droit, au rapport des deux
« marchands qui seront élus tous les ans par nous, et
« nos successeurs avec l'avis de six Conseillers de la
« présente Ville de Marseille, et terminés, selon leurs
« décisions ; lesquels deux marchands seront changés
« toutes les années, et seront tenus de prêter serment,
« de bien et fidèlement rapporter et donner leur avis et
« décisions audit Viguier, aux Juges du Palais et de la
« Ville, ou à l'un d'eux, sans partialité ou animosité, et
« ce, sur les Saints Evangiles, en présence des Syndics,
« et entre les mains du dit Viguier le jour même qu'il
« entrera en exercice ; et si ces deux Elus étoient d'avis
« contraire, les parties se retireront vers nous ou nos
« successeurs pour faire nommer et joindre un tiers aux
« deux premiers, à la pluralité des avis desquels, le juge
« saisi de la matière, sera tenu de conformer la sentence,
« et les parties obligées d'y acquiescer leur interdisant
« toutes appelations, requêtes, recours, audit Viguier et
« autres. N'entendant néanmoins par cet article déroger
« en aucune façon aux droits de lates ou tiercéries
« acquises au domaine du Roi en cas de dénégation dans
« ces sortes de procès. Semblablement nous voulons
« que le même ordre soit suivi dans les procès qui sur-
« viendront entre les artisans de tout métier pour ce qui
« concerne leur Art tant seulement. Voulons en consé-
« quence que pour terminer les procès desdits Artisans,
« lesdits deux Marchands élus en notre présence et du

« consentement de nous, ou de notre Lieutenant, choi-
« sissent deux Maîtres du même Art; à la décision
« desquels le juge de la cause soit tenu de conformer
« aussi son Jugement, de le faire exécuter, et déterminer
« le procès; soumettant au surplus ce présent règlement
« et statut au bon plaisir du Roi. »

C'est pourquoi, Nous (Jean de Cossé), après avoir examiné ledit Statut dans toute sa teneur, et reconnu que
toutes les dispositions ont pour base un très grand fonds
de science, de bon sens, et de salutaire prévoyance, et
pour objet le bien et l'avantage de cette Ville, qu'un
grand nombre de commerçants et d'Artisans rend illustre,
aussi bien qu'une multitude de peuple paisible qui y
habite, en un mot, la tranquillité publique en éloignant
et bannissant tout ce qui peut être occasion de sujet de
querelle. Vu d'ailleurs, que pareilles ordonnances et lois
sont établies et religieusement observées dans toutes les
grandes Villes des autres Provinces, pour satisfaire aux
instantes prières des Syndics de l'Université, qui nous ont
demandé de vouloir la rendre stable, et ordonner qu'elle
soit gardée et observée à perpétuité, comme Édit et Statut,
et en tant que de besoin, qu'il nous plût de la renouveller, approuver, confirmer et la remettre dans son
ancienne force et vigueur; portés à ce, par d'autres
causes et raisons; persuadés sur-tout qu'il est de la
majesté d'un Roi de faire cesser les procès, et qu'il ne
convient qu'à lui de faire des lois pour les extirper et
établir dans ses Etats la tranquillité qui en fait la sûreté,
nous avons jugé à propos de renouveller ladite ordonnance dans tous ses chefs, ainsi que par ces présentes de
notre certaine science, par l'authorité du Roi que nous
exerçons, et le pouvoir qu'il lui a plu nous en donner de
l'avis de son Conseil près de nous établi; nous la renou-
vellons, approuvons et confirmons avec plaisir et nous la
remettons dans son ancienne force, vigueur et efficacité,
voulons et ordonnons qu'elle soit en perpétuelle vigueur,
qu'elle soit tenue, regardée et observée à perpétuité,
comme Édit et Statut émané de l'authorité royale, et
ainsi le déclarons, et cela sur-tout à l'effet que les Sujets
du Roi de ladite Ville se comportent les uns envers les
autres, en vrais concitoyens, à la faveur de la Paix, du
repos et de la tranquillité, en bannissant tous sujets de

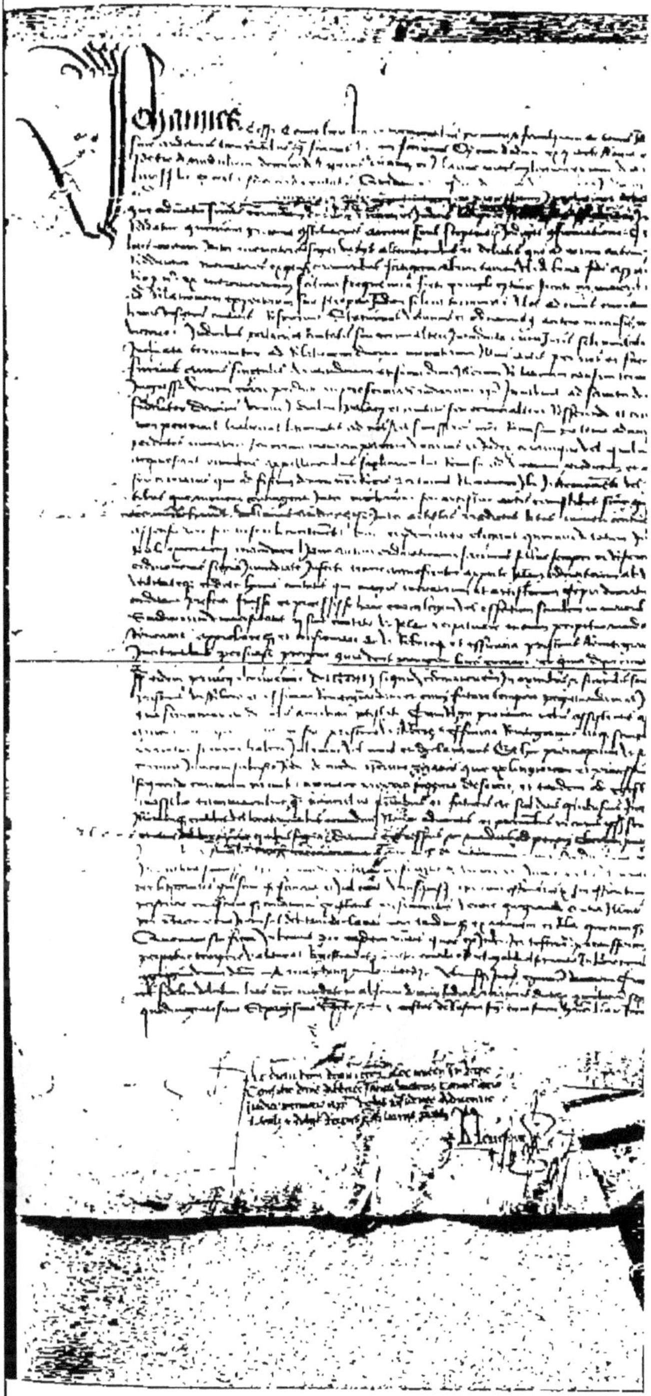

ORDONNANCE DE JEAN DE COSSÉ (29 Juillet 1466) créan

Archives municipales de Marseille. Clich

ORDONNANCE DE JEAN DE COSSÉ (29 Juillet 1650) créant la Juridiction Consulaire à Marseille.

disputes qui naissent des involutions des procédures, à
cause de quoi les plaideurs acharnés à plaider et à chi-
canner, obligés d'abandonner leurs propres affaires, sont
enfin réduits à la mendicité. A CES CAUSES, de notre
science, authorité, pouvoir et de l'avis ci-dessus men-
tionné, mandons très expressément pour la teneur des
Présentes, à tous les Officiers de ladite Ville, tant supérieurs, qu'inférieurs, présens et à venir, et à tous nos
Sujets y habitans, y résidans, ou plaidans dans les Cours
d'icelle, et à chacun d'eux, ou à leur Lieutenant, comme
encore aux Avocats et Procureurs postulans auxdites
Cours, de suivre au pied de la lettre et d'observer à la
rigueur toutes et chacunes les dispositions contenues
dans la Présente Ordonnance, en tous ses chefs dans les
affaires de marchands et Artisans particulièrement y
mentionnés, tant celles ci-devant entamées et encore indé-
cises, que celles qui pourront dans la suite être mûes, à
peine de cent marcs d'argent fin, pour chaque contreve-
nant, et pour chacune contravention, enjoignant au
surplus aux Officiers pendant leur exercice de tenir la
main à son exécution, et de la faire observer par les
Plaideurs, et de contraindre toutes personnes de quelque
état qu'elles puissent être, qui s'aviseront d'y contrevenir en quelque manière que ce soit sous la peine
ci-dessus ordonnée, et en leur faisant subir et payer
ladite peine et amende par les moyens et les voyes les
plus rigoureuses du droit que bon leur semblera, sans
aucun ménagement; car ainsi voulons qu'il soit fait en
vertu des Présentes, auxquelles en témoignage de tout
ce que dessus nous avons fait apposer le Sceau du Roi,
lesquelles nous voulons valoir à perpétuité en faveur de
ladite Ville, et à cet effet, pour plus grande précaution et
pour qu'elles soient plus irréfragablement observées,
ordonnons qu'elles seront enregistrées dans le livre des
Privilèges de ladite Ville. Donné à Marseille par magnifique et Illustre Personnage sieur Arnould Lombard,
Docteur en Droit, Juge et Président de la Cour Royale et
Chambre des Comptes séant à Aix, et conseiller du Roi
qui a signé par notre ordre en absence du Juge Mage
desdites Comtés le 20 Juillet l'an 1466, de l'incarnation de
Notre-Seigneur Jésus-Christ. J'approuve la rature vers la
fin de ces lettres immédiatement avant la date, signé

K. LEVESQUE, et sur le reply, il y a Par Ledit Seigneur Lieutenant-Général du Roi, et dans son Conseil en présence du Sieur Abbé de Saint-Victor, chancellier, du Juge des premières appellations et de Nous Président, de l'Avocat du Roi, et des autres Conseillers. — Signé K. LEVESQUE.

En dehors de la stabilité que, par la sanction royale et son établissement ad perpetuum, donna à la Justice Consulaire cette Ordonnance de Jean de Cossé, son premier mérite fut de convaincre tous les marchands et surtout les défendeurs de mauvaise foi, qui plaidaient déjà à cette époque, l'incompétence du Viguier pour amener l'adversaire devant le juge du Palais ou de la Ville très peu expert dans la matière, de les convaincre dis-je qu'ils trouveraient toujours derrière le juge saisi, quel qu'il fût, deux marchands connaissant primitivement leur procès et dictant la sentence. Son second mérite fut de contraindre le magistrat à provoquer lui-même cette sentence des marchands à peine de cent marcs d'argent fin.

On se tromperait grandement cependant si l'on venait à croire que cette ordonnance mit tout en règle et repos vis-à-vis de la juridiction naissante. Dans une société qui se formait, où chaque institution cherchait à se faire sa place, où la limite du pouvoir de chacune n'était guère que la limite de résistance de l'autre aux empiètements de sa voisine, où les précédents, presque seuls sanctionnés tôt ou tard par l'autorité royale, finissaient toujours à la longue par devenir lois, on comprend que les conflits fussent perpétuels. C'est au milieu d'eux que vécurent particulièrement nos pères de 1400 à 1474 et leurs premiers ennemis furent, on le devine, les juges de droit commun qui n'avaient pas vu, sans grande jalousie et sans froissement d'amour-propre, s'élever-

et grandir à côté d'eux une juridiction tarissant d'abord une source abondante de leurs revenus et les mettant ensuite pour ainsi dire en tutelle.

Leur méconnaissance du droit des marchands devint à ce point audacieuse et révoltante que le 5 janvier 1472 Jacobus Reinezano après avoir rappelé le privilège royal dont jouissent les marchands, de faire juger leur différends par leur pairs, expose au conseil de la Ville que la situation des Juges-Consuls nommés à cet effet est devenu intolérable ; que plusieurs causes portées devant eux sont demeurées sans solution et, que par des procédés dilatoires, elles se trouvent *quasi immortales* dit le texte; que tous les efforts sont faits pour les distraire de leurs juges naturels, chose qui avait été défendue *sub formidabili pœná*, ajoute-t-il. Sur son avis, le Conseil décide d'en référer au roi; afin qu'il prohibe à tout jamais dans la ville de Marseille et dans tous ses Etats, de porter les causes et les questions entre marchands devant autre juridiction que la leur, soit par ministère d'avocat ou de procureur ; et pour qu'il oblige surtout, en cas d'appel, à déférer ces nombreuses causes aux juges marchands sortant de charge.

Jean de Candole, licencié en droit, et Jean de Forbin, négociant, tous deux Juges-Consuls, sont délégués auprès du comte de Provence, qui n'était autre que le bon roi René, de si sympathique mémoire.

Il faut croire que nos devanciers durent chaudement plaider leur cause, car, par ses lettres-patentes du 3 mars 1474, le bon roi René accueillit et confirma toutes leurs demandes, y compris celle de l'appel devant les deux Juges sortant de charge, que l'on nomma, dès lors, juges vieux par opposition aux juges nouvellement élus, dits Juges modernes.

Je dis devant deux juges d'appel et non devant trois comme le porte l'Ordonnance de 1474 qu'on va lire parce que dans l'usage il n'en fut jamais nommé que deux, le Viguier faisant au besoin fonction du troisième.

LETTRES-PATENTES du roi René, données en sa bonne Ville d'Aix le 3 mars 1474.

René, par la grâce de Dieu, Roi de Jérusalem, des deux Siciles, d'Aragon, Valence, Mayorque et Corse, Duc d'Anjou, et de Bar, Comte de Barcelonne, de Provence, et de Piémont, à nos amés et féaux, les Officiers, tant supérieurs, qu'inférieurs de notre Ville de Marseille, présens, et à venir, *Salut*, et dilection. Excités par notre sollicitude continuelle, Nous ne cessons de donner une particulière attention à procurer à nos Sujets, tout ce qui peut leur être agréable, et de quelque avantage, et tourner au bénéfice du public, et nous nous prêtons d'esprit et de cœur à tout ce qui peut y contribuer. Nous avons reçu l'humble Suplique qu'a fait présenter à Notre Majesté l'Université de nos fidèles Sujets les habitants de notre ville de Marseille par les Nobles et Illustres personnages Jacques Candolle, licencié en droit, et Jean Fourbin qu'ils ont à cet effet députés vers notre Personne, où il étoit exposé en premier lieu, que pour éviter à nos Sujets Commerçans les frais considérables que leur coûte la décision des contestations qu'occasionnent souvent les affaires de commerce, couper racine à toutes les chicannes, faire cesser les suites, et abréger les longueurs qu'affectent dans les poursuites les Procureurs, et les Parties qui suscitent, et entretiennent ces contestations, et les font dégénérer en procès immortels, et ruineux pour les Parties, au grand préjudice du bien public; Il plût à notre Majesté de sa grace ordonner, et permettre aux Négocians de la même Ville de choisir, et pouvoir nommer annuellement deux Personnages de probité parmi ceux de leur profession, pour *connoître* et *décider* des contestations qui s'élèvent dans le commerce à l'occasion des affaires qui s'y font, et ce, dans le même temps, et au même jour que l'Université de la même Ville a accoûtumé de s'assembler pour élire les autres Juges, et qu'en cas d'appel des Jugements qui seront rendus par ces deux Elus, notre Viguier en ladite Ville, tant celui qui en fait les fonctions la présente année, que tous les autres qui rempliront la même place à l'avenir, soient tenus d'en élire en même temps trois autres d'une probité également connue, et non suspects, et *connaître*, et *juger* les appels qui pourront être émis des premiers Jugements rendus par les deux Elus, desquels derniers jugements il ne soit plus permis à aucun d'appeler ou recourir à autres Juges; la chose mise en délibération dans notre Conseil. Nous avons jugé à propos d'entériner en entier ladite supplique, comme avantageuse au bien public, et propre à augmenter le nombre des Négociants, et le commerce de la dite Ville.....En foi de quoi nous avons fait expédier à ladite Communauté de Marseille ces présentes Lettres, auxquelles nous avons fait apposer notre Sceau. Donné dans notre Ville d'Aix (par Magnifique et Illustre Personnage Vivaud Boniface, Docteur en l'un et l'autre droit, Maître Rational de Notre Grande Cour, Juge Majeur des secondes appellations, et nullité des Terres et Comtes de Provence, et Forcalquier, entre féal, et amé Conseiller) le troisième du mois de Mars depuis la Nativité de Notre-Seigneur Jésus-Christ mil quatre cent soixante-et-quatorze. Par le Roi aux grands Sénéchal, et Chancelier de Provence, Juge Maje de la Ville, et au Président de la Grande Cour, et à Messire Charo, et autres présens pour être enregistré. Signé CRUON au Bas.

Par ces mots *connaître* et *décider*, *connaître* et *juger* que j'ai soulignés dans le texte, ces lettres patentes du roi René accordaient à nos pères non seulement la connaissance du litige, mais encore le prononcé du jugement, seule chose qui, jusqu'alors, fut restée aux pouvoirs du juge ordinaire.

En coupant ce dernier lien qui la rattachait à la justice civile et en lui donnant ses juges propres d'appel, le roi René rendit la juridiction des mar-

chands indépendante, autonome et parfaite autant
qu'elle pouvait l'être. Ce fut son apogée. Elle ne
devait malheureusement pas s'y maintenir et malgré
les immenses et peu coûteux services qu'elle a rendus
depuis, elle n'a pu, même de nos jours, y atteindre
de nouveau.

Illogisme des temps ! Illogisme encore plus criant
des choses ! car, la Justice est une par son essence.
Ou celle des marchands est mauvaise et alors qu'on
la supprime, ou elle est bonne et qu'on lui donne son
autonomie. Si ceux qui, de nos jours, ont charge
d'âme du Négoce avaient dans leurs veines pour
deux maravédis du sang de leurs aïeux ils ne per-
mettraient pas au juge civil d'avoir le dernier mot
dans le litige marchand et, avec bien moins de peine
qu'ils ne s'en donnent actuellement de ci de là pour
faire reformer par bribes, parcelles et lambeaux, par
articles et paragraphes des lois hors d'usage bien
souvent et anti-commerciales; ils arriveraient par le
simple jeu d'une jurisprudence homogène, suivie
par le tribunal et la cour des marchands, à mettre
cette loi en continuelle harmonie avec un commerce
qui lui, change sans cesse et ne vieillit jamais.

Le successeur du roi René, Charles du Maine, ne
modifia en rien les sages dispositions de son aïeul
et, faisant son testament en présence de Sénas,
Charles Gassin et Gabriel Silve, ces deux derniers
juges consuls, il recommanda à Louis XI, en lui
léguant la Provence, de respecter toujours ses lois et
ses coutumes. Avec ces coutumes, la justice consulaire s'introduisit dans les lois françaises. Elle ne
devait plus en sortir. Charles VIII, par ses lettres
patentes données à Montargis, en 1484, confirma le
privilège judiciaire des marchands; il l'augmenta
même de la connaissance des procès entre forains,
c'est-à-dire entre étrangers; mais, rappelant à ce

propos aux marchands que la principale raison
d'être de leur justice d'exception est la célérité, il
fixa le délai extrême pour rendre leur jugement à 15
jours pour les forains, et à un mois pour les litigants
de la Cité, à peine, pour les juges, passé ce délai, de
nourrir et de loger les plaideurs à leurs frais. Heu-
reuses lettres patentes de Montargis que n'êtes-vous
encore en vigueur ! Justice consulaire qui ne par-
lerait aujourd'hui de tes ailes, et oserait encore
médire de toi.

*LETTRES-PATENTES de 1484 données à Montargis
par le roi Charles VIII, confirmant la jurisdiction
des marchands de la Ville de Marseille.*

CHARLES, PAR LA GRACE DE DIEU, Roi de France,
Comte de Provence, Forcalquier et terres adjacentes ;
Sçavoir faisons à tous présens et à venir, Nous après
avoir oui les Requêtes et remontrances à nous faites,
dictées et proposées tant de bouche qu'écrit, par notre
cher et bien aimé Honnorat Fourbin, Ecuyer, comme
délégué et envoyé devers Nous de la part de nos cher et
bien aimés les Consuls, Manans et Habitans de notre Ville
et Cité de Marseille en notre dit Pays et Comté ; par lesquelles entre autres choses il a dit que les Juges des Marchands, qui ont été institués pour conserver le Commerce
de la dite Cité, et abréviation des causes, les mettent en
délay, et en font procès ordinaires, qui est en grand dommage et préjudice des marchands. AYANT SUR CE CON-
SIDÉRATION : ORDONNONS qu'en quelques choses
mercantilles, dorénavant né se fassent aucuns procès,
ains sommairement et de plein *siné strepitu*, si ce n'est
la citation, pétition, réponse, preuves et sentences, et
autrement en bonne foi ; PROCEDATUR oüis les raisons et
droits des Parties, et si les nouveaux Juges sont en quelques différents, qu'ils appellent les vieux s'ils n'ont déja
été juges des dictes causes et à défaut de juges qu'ils
appellent des Marchands non suspects en pareil nombre,
et que les causes soient terminées et définies dedans

quinze jours du jour que seront commencés aux Etrangers, et dedans un mois celles des Gens de la Cité, et en cas que ne les décident et terminent dedans le dit tems (s'il ne tient aux Parties, voulant faire leurs preuves en pays lointains et étrangers), qu'à leurs dépens les Marchands demeurent en la Cité, et outre payeront les dommages et intérêts, et s'il y étoit aucun point de droit, appelleront les trois juges de la Cité, s'il ne touche aucun Citadin pour éviter suspection, auquel cas en prendront de non suspects, *et cum voto illorum* termineront les questions, et si le Notaire écrit plus avant que dix termes et manque de venir tous les jours à la Cour des dits Marchands, qu'il contribue avec les dits juges ez dépens, dommages et intérêts des susdits à ceux Marchands et plaidoyant, et se tiendra ladite Cour tous les jours, s'il est besoin, à une heure après midi. Et pour lesdits grands abus qu'on commet en ladite Cour au préjudice des Juges ordinaires de la Cité, ORDONNONS que dorénavant lesdits juges des Marchands ne se intermettent ne avoquent à eulx, ne ayent à cognoître, si ce n'est des choses mercantiles et entre marchands sur peine de vingt-cinq marcs d'argent fin pour chacun desdits Juges, à appliquer à nous, et privation de leurs Offices perpétuellement.

Donné à Montargis au mois de janvier l'an de grace mil quatre cent quatre-vingt quatre, et de notre règne le second.

Honorat de Forbin l'heureux négociateur de ces lettres patentes de Montargis succomba peu après aux fatigues du voyage. Déjà en 1476 sa santé délabrée lui avait fait obtenir du Conseil Général d'être relevé de ses fonctions de Juges Consul mais, dès qu'il crut compromise l'institution de la Justice des Marchands, il n'hésita pas à lui consacrer ses dernières forces et ses derniers jours.

Ce fut la première victime de son dévouement à la cause consulaire, nous verrons par la suite de cette histoire que ce ne fut pas la dernière.

Charles IX confirma encore le privilège des mar-

VUE DE L'AMIRAUTÉ DE MARSEILLE AU XVII SIÈCLE (d'après une peinture anonyme de cette époque)

Collection Rousset-Rouard — Cliché L. Villard.

chands, le 9 août 1561, par ses lettres patentes
données à Saint-Germain-en-Laye; le 8 mai 1564
par sa déclaration donnée à Bar-le-Duc et enfin par
son édit de Chateaubriand du mois d'octobre 1565.

Nous donnons plus loin le texte de ces divers
édits, lettres et déclarations à propos de la longue
lutte de nos pères avec l'Amirauté et au sujet de la
procédure suivie devant les tribunaux consulaires.

La seule chose que je retiens d'ores et déjà de
l'Edit de Chateaubriand, c'est que nous y voyons
figurer pour la dernière fois l'attribution de l'appel
aux juges consuls sortant de charge. Elle allait
bientôt disparaître.

Quelques mots sont ici nécessaires pour expliquer
ce changement.

Parmi les chapitres de paix convenus avec Charles
d'Anjou, comte de Provence, lorsque les Marseillais
lui remirent volontairement le domaine de leur
République, il est un article que l'on appela « le
privilège de non extrahendo ».

Il garantissait les citoyens de Marseille et les
étrangers y établis contre toute prétention de les
distraire de leur propre juridiction, première instance et appel. A cet effet, la justice était administrée, sur le territoire de Marseille, par des Juges de
première appellation et des juges de seconde appellation dits aussi « Juges-Mages ». Lorsque François Ier, en 1533, voulut réformer les juridictions de
Marseille et établir en leur lieu et place la sénéchaussée et le Parlement, il ne put le faire de son
plein gré et commit à cet effet Jean Feu, président
du Parlement de Rouen, qui convoqua tous les
habitants de notre cité en assemblée générale pour
leur faire agréer ce changement. Nos pères n'accueil-
lirent pas avec enthousiasme, il faut le dire, le
Parlement de Provence comme juge en dernier.

ressort. Ils l'acceptèrent toutefois, mais à la condition qu'il viendrait, tous les ans pendant vingt jours,
au nombre de six conseillers et d'un président, tenir
ses assises à Marseille pour y juger tous les procès
en cours.

On appela cette session, les grands jours, qui
furent du reste très peu régulièrement tenus jusqu'en 1607, époque où ils tombèrent en désuétude
« sous le principal prétexte, dit Jean-Louis de Mon-
nier, célèbre jurisconsulte, que la chicane des Marseillais avait tellement augmenté, qu'au lieu des
vingt jours nécessaires pour vider antérieurement
tous les procès, l'année entière, et dans Aix et dans
Marseille, était alors insuffisante pour les terminer.»

Toutefois, malgré les grands jours, la juridiction
des marchands continuait seule à avoir ses juges
propres d'appel. Dans sa séance du 9 novembre
1539 « a esté présentée (au conseil) certaine requeste
« de la partie de Antoine Turrel disant avoyr certain
« procès pendent par appel et indécis par devant
« MM. les Juges de l'appellation contre le patron
« Pierre Tornier et comme les dits juges qui sont
« à présent ont cogneu et sentencé en première
« instance et ne peuvent torner cognoître en la dite
« cause, demande et requiert subroger d'autres juges
« d'appellation..... sur laquelle requeste a pleu au
« Consul requerir M. le Viguier que soyent en la
« place des juges d'apeaux qui sont à présent et en
« les causes qu'ils auront cognu en première ins-
« tance et que pourront connaître soyent subrogé
« d'autres juges d'apeaux ydoines et suffisants et à
« la nomination de M. le Viguier sont estés subrogés
« Amiel Abertas et Melchion Capel ».

Et encore dans sa séance du 28 octobre 1543 on
lit : « Pareillement M. le Viguier en la manière que
« dessus nomme et eslut en Juges à l'office et

« Commerche de la marchandise les sieurs Pierre
« Tornier et Jacques Cartier et à l'appellation les
« Juges Vieux. »

Ce fut pour mettre en conformité la justice civile
et la justice consulaire que nous voyons pour la
dernière fois nommer par le conseil de Ville, en
1565, les juges d'appel consulaires ou Juges Vieux.
Dès l'année suivante le Parlement devint juge d'appel
des marchands pour tous les litiges supérieurs à
500 livres.

Ainsi bien fixés sur l'étendue de leur juridiction,
bien établis sur leur siège après ces diverses ordonnances, nos juges-consuls se remettaient à peine des
chaudes alarmes causées par les juges de droit
commun, lorsqu'un ennemi nouveau, remuant et
redoutable : le Tribunal de l'Amirauté, aujourd'hui
disparu, surgit tout à coup, qui vint les faire revivre
et fortement les grandir.

Quand la République Marseillaise présidait encore
à ses destinées, une Amirauté composée de six officiers désignés sous le nom de Prud'hommes de
l'Amirauté dirigeait le département de la Marine.
La police et la direction de l'Arsenal lui apparte-
naient ainsi que la nomination et l'entretien des
pilotes.

L'Amirauté avait son hôtel sur le quai du Canal,
un peu en avant de l'endroit où se trouvent aujour-
d'hui les bureaux du *Petit Marseillais*. Lorsque les
Comtes de Provence, et après eux les Rois de France,
prirent en mains les défenses de Marseille, ils
conservèrent à ce poste un lieutenant dit « de l'Amirauté » pour administrer la police maritime et les
représenter dans les questions de pêche. Ce lieutenant était nommé par les gouverneurs de Provence,
qui avaient le titre d'Amiraux des mers du Levant.
La piraterie à cette époque florissante, le droit de

visite de toute nef rentrant au port ou en sortant ;
plus tard, la délivrance des lettres de marque, et la
liquidation des prises des corsaires ; plus tard
encore, la surveillance des chargements pour les
colonies, qui ne pouvaient consommer que les produits de la métropole, et, enfin, le ravitaillement de
ces dernières, furent un aliment considérable à son
activité. Il serait probablement demeuré le seul si
le comte de Tende, alors Gouverneur de Provence,
n'eut, en 1555, érigé cette charge en office au profit
d'une des plus puissantes familles de l'époque, celle
des Valbelle.

Cette famille, qui resta à la tête de l'Amirauté pendant quatre-vingts ans et pendant près de soixante
ans postérieurement à la tête de la magistrature
civile, descendait de Cosme de Valbelle, *ex-antiqua
Massiliæ vice comitum stirpe*, et était alliée à toutes
les grandes maisons d'Italie : les princes Justiniani
de Gênes entre autres. L'église des Grands-Carmes
a conservé longtemps une chapelle particulière
contenant leur tombeau dont les nombreuses épigra-
phes retracent toute leur histoire (1). Cette histoire
ne fait pas mention de la guerre acharnée qu'ils
firent, leur vie durant, aux Juges Consuls, et c'est
dommage, car, en même temps que la défaite de nos
pères, elle eut constaté leur ténacité, leur grandeur
d'âme et leur courage à défendre pied à pied toutes
leurs prérogatives dans une lutte qui ne fut pas toujours sans danger pour eux, à preuve la séance du
9 novembre 1589 au Conseil de la Ville, où il est dit
que « les juges de la marchandise de la présente cité
se rendent difficiles, vouloir exercer leur office de
judicature, craignant non seulement troubles mais
encore molestement de la part de M. le lieutenant de

_____

(1) Grosson.

l'Amirauté, soutenu par la souveraine cour du Parlement. »

La cause de cette nouvelle guerre de Cent Ans fut bien simple et tout humaine :

Les Valbelle avaient vite compris que leurs fonctions administratives ne les mèneraient pas à la fortune, mais que celles des Juges Consuls, qui étaient loin d'être gratuites à cette époque, leur procureraient de considérables revenus. De là naquit chez eux le désir profond de s'en emparer.

Aux premiers assauts livrés à leur pouvoir, les marchands ne temporisèrent pas et, dans leurs doléances à Charles IX, les Consuls en charge, Joseph de la Sada et Bernardin Bouquier, opposèrent la plus vive résistance aux prétentions naissantes de l'Amirauté, qui tendait de plus en plus à connaître des faits de mer que l'on appelait mercantils, pourvu que le moindre transport maritime justifiât son immixtion.

Nos pères disaient, qu'appelés en leur qualité de marchands à juger tous les différends nés du commerce, ils croyaient, par une conclusion logique, pouvoir statuer sur toutes les difficultés que soulevait à Marseille le Commerce du Levant, presque seul aliment des transactions maritimes à cette époque ; qu'étant par conséquent les juges naturels des différends nés à l'occasion des marchandises transitant pour le Levant ou en revenant, il n'était pas admissible qu'ils n'eussent pas à connaître aussi des contrats, lettres de change, nolissements, affrètements et associations de chargement, toutes choses qui en étaient comme le lien naturel ; que de tout temps, au contraire, le domaine de l'Amirauté avait été circonscrit aux seuls crimes et aux seuls faits de mer, et que la police maritime était la limite de son pouvoir extrême. C'étaient justement ces bornes que l'Amirauté n'admettait pas. Il fallut vider la querelle. La bataille s'engagea pleine d'ardeur de part et d'autre devant Charles IX et le monarque eut à soutenir les assauts les plus violents des diverses influences qui furent mises en jeu à cette occasion. Cette occasion, il faut le dire, était particulièrement favorable à l'Amirauté qui commençait à rendre de signalés services et maintenait pour sa large part à constant étiage le niveau du trésor royal.

En outre, les Vallbelle étaient gens qualifiés, gens de haute noblesse dont le bras était long et la voix plus haute encore, tandis que les marchands ne devant leur poste qu'à l'élection, loin d'être devenue comme de nos jours l'ultima ratio de toute faveur, étaient de maigre condition et de fort petits sires. Blesser les premiers c'était s'aliéner leurs partisans, ils étaient nombreux et puissants ; défendre les seconds était sans bénéfice autre que celui du bien public. Heureusement qu'en ces temps-là les tyrans savaient encore le faire passer avant leur intérêt. Aussi Charles IX n'hésita pas, et le 20 août 1561, donnant raison à nos pères les marchands, il rendit à Saint-Germain-en-Laye sa sentence.

La voici :

LETTRES-PATENTES de 1561 données à Saint-Germain en Laye par le Roi CHARLES IX, qui confirment la Jurisdiction des Marchands de la Ville de Marseille.

CHARLES, PAR LA GRÂCE DE DIEU, Roi de France, Comte de Provence, Forcalquier et Terres adjacentes, à nos amés et féaux conseillers, les Gens de notre Cour de Parlement, et au Sénéchal de Provence ou ses Lieutenants à Marseille, *Salut* et *Dilection*. Les Consuls, Manans et Habitans de notre ville de Marseille nous ont par leur Député fait remontrer, que dès le troisième jour de Mars

1474, le feu Roi René de Jérusalem et de Sicile, Comte dudit Provence, désirant entretenir le Commerce train et trafic des marchandises en sa Ville de Marseille, qu'il voyoit dépérir de jour à autre par les subterfuges, tergiversations et malices des Avocats et Procureurs, qui rendoient les différends d'entre les Marchands étrangers et regnicoles immortels; avoit voulu ordonner que pour le Jugement des différends des marchands, seroient élus par chacun an, par les Consuls et Habitans de ladite Ville, deux notables Marchands d'icelle, qui en décideroient souverainement, lequel privilège auroit par nos Prédécesseurs toujours depuis été continué, confirmé, et duement observé et gardé audit Marseille, sans y avoir eu contradictions ni empêchemens, jusques puis deux ou trois ans en çà que les Officiers de l'Amirauté audit lieu, sous prétexte de quelques Lettres auroient voulu dilater leur jurisdiction et prendre connoissance des procès et différends des marchands pour raison de leurs marchandises, jaçoit que la Jurisdiction desdits Officiers de l'Amirauté ne s'étende que pour le regard de déprédation, bris de navire et contrats qui se font depuis le débordement desdits navires; au moyen de quoi, et attendu que cessent même les dits privilèges, il seroit plus que raisonnable que lesdits différends des Marchands fussent connus et jugés par gens de leur état, qui ont l'intelligence du trafic, commerce, troc et change des marchandises; voires que si les Juges en prenoient la connoissance, en revoiroient la décision auxdits marchands comme Experts; joint que toutes les Villes maritimes de Levant, comme Gênes, Venise, Pise, Valence et Barcelone en usent ainsi, nous ont très humblement fait supplier leur faire impartir nos Lettres nécessaires; POUR CE, est-il, que nous désirant conserver lesdits supplians audit privilège duquel nous est apparu et de la continuation et confirmation d'icelui, par les pièces ci-jointes et à notre contre-scel attachées, ôter et faire cesser les causes et moyens qui pourroient empêcher la continuation et entretien dudit commerce et trafic des marchandises en notre Ville de Marseille, VOUS MANDONS, commettons et enjoignons par ces Présentes, que suivant et conformément audit Privilège dudit Roi René de Jérusalem et Sicile, Comte dudit Provence, concédé et octroyé auxdits Consuls et

Habitans dudit Marseille, vous souffriez et permettiez à leurs Députés de connoître, juger et décider des différends de Marchands à Marchands et pour raison du trafic et commerce des marchandises qui se négocient en la Ville et Port de Marseille, tout ainsi qu'ils en ont ci-devant joui, et c'est suivant ledit Privilège interdisant en ce défendant auxdits Officiers de l'Amirauté et tous autres nos Officiers, sous peine de nullité et autre arbitraire, de plus s'immiscer ni entremettre en la connoissance desdits différends, ni troubler et empêcher lesdits députés ; et si aucun trouble et empêchement leur avoient été ou étoient en ce faits, mis ou donnés au contraire, que vous les fassiez cesser, et le tout réparer et remettre incontinent et sans délai au premier état, et dû en contraignant ou faisant contraindre à ce faire, souffrir et obéir d'iceuxdits Officiers de l'Amirauté, et tous autres qu'il appartiendra, et pour ce feront les contraindre par les voies que de raison ; car tel est notre plaisir, nonobstant quelques Déclarations, Lettres, Mandemens et Défenses, obtenus ou à obtenir au contraire. Donné à Saint-Germain en Laye, le vingt-neuf Août de l'An de Grace mil cinq cent soixante-un, et de notre règne le premier, par le Roi Comte de Provence en son Conseil le Parcheminier et scellées.

Tout en réprouvant les agissements de l'Amirauté, cette Ordonnance laissait percer dans ses termes trop de douceur et de ménagements à son endroit pour que ses officiers en prissent grande crainte et ombrage.

Le roi était tant loing et le proufit tant proché (1), dit un plaignant de l'époque, qu'ils continuèrent comme devant à s'arroger la connaissance de litiges qui ne leur appartenait pas et à *tant molester les marchands* que ceux-ci exaspérés assiégèrent le Conseil de la Ville de leurs nouvelles doléances.

(1) Arrêts du Parlement aux archives de la Chambre de Commerce. Dossier des juges Consuls.

Cette fois le Conseil peignit à Charles IX sous de si noires couleurs le mécontentement de *ses amis et feaux manants* de Marseille distraits par force de leur juridiction consulaire par le lieutenant de l'Amirauté *sous ombre de quelque ordonnance faite en l'an 1543 et confirmée par certaine lettre obtenue par lui le 11 juin 1548*, que Charles IX dans sa nouvelle ordonnance de Bar-le-Duc accentua la note, si je puis m'exprimer ainsi, contre l'Amirauté et traita ses officiers comme ils le méritaient, c'est-à-dire de gens de lucre et d'illégitime profit.

Il le pouvait d'autant mieux que de Tholon (Toulon), de La Ciotat, de Cassis, de Martigues, d'Arles, même de Six-Fours, ce ne sont que plaintes assourdissantes contre les lieutenants de l'Amirauté.

Le Parlement d'Aix est à chaque instant saisi de ces plaintes par les Consuls de ces diverses localités et obligé d'intervenir pour refréner la cupidité de l'Amirauté et mettre une sourdine aux *injures atroces*, dit le texte d'un de ses jugements que se permettent ses lieutenants vis-à-vis des patrons mariniers (1). Le Parlement sera même obligé quelques années plus tard, en 1599, de tarifer la visite des lieutenants de l'Amirauté à bord en la fixant *à un écu pour les gros vaisseaux, un demi-écu pour les médiocres et un quart d'écu pour les petits* (2).

Cette visite du lieutenant de l'Amirauté à bord de toute nef entrant ou sortant du port à l'effet de surveiller et d'empêcher la contrebande était une mesure impopulaire et vexatoire à l'excès. C'est elle qui fera plus tard condamner sans merci l'insti-

(1) Arrêt contre Alcard, lieutenant de l'Amirauté aux Martigues.

(2) Arrêt de 1599 aux archives de la Chambre de Commerce. Dossier des Juges Consuls.

tution toute entière au premier souffle de la Révolution. En effet, selon que le patron marinier plaisait ou
ne plaisait pas, payait un peu plus ou un peu moins,
le lieutenant de l'Amirauté était visible ou invisible
et, par suite, l'entrée ou la sortie du port possible ou
impossible (1) et le Parlement est encore ici contraint
par la suite de fixer un délai pour la présence à bord
du lieutenant de l'Amirauté.

Mais *mieux que arrêts et Parlement*, dit le plaignant cité plus haut, *tient en sauvegarde les marchands la bonne ordonnance de Charles IX* que voici
ci-dessous.

*DÉCLARATION de 1564 faite à Bar-le-Duc par le
Roi Charles IX, relativement à la Jurisdiction des
Marchands de la Ville de Marseille.*

CHARLES, PAR LA GRACE DE DIEU, Roi de France,
Comte de Provence, Forcalquier et Terres adjacentes
tous ceux qui ces présentes Lettres verront, SALUT. Les
Consuls, Manans et Habitants de notre Ville de Marseille
nous ont fait dire et remontrer que par Contrat fait avec
nos Prédécesseurs Comtes de Provence, et Privilèges
exprès, à eux octroyés par nosdits Prédécesseurs, et par
Nous confirmés, entre autres choses pour le soulagement
de nos Sujets, et de rendre le cours et ouverture des
marchandises plus libres, sans que pour raison d'icelles
ils soient vexés et divertis par procès. Ils ont droit
d'élire par chacun an deux notables Marchands et un ou
deux Notaires pour discuter et vuider sommairement tous
différends qui se meuvent entre nosdits Sujets pour
le fait de la marchandise, sans tenir nosdits Sujets en
longueur de procès, et que les Parties puissent comparoir devant eux par Avocat ni Procureur, mais en Personne, et déduire leurs différends, et si desdits deux

(1) Arrêt du Parlement, même fascicule. Dossier des Juges
Consuls.

marchands ainsi élus, il y a appel ou contr' eux récu-
sation, leur est permis prendre et élire autres bon nombre
de marchands pour vuider le dit appel sans y appeler
aucun de nos juges ni officiers, si ce n'est qu'il y ait
quelque point de droit, auquel cas ils appellent un ou
deux Avocats ou personnes graduées pour y assister
avec lesdits Marchands, et par leur avis être le négoce
défini, sans qu'il y ait lieu d'appel, ni que le Sénéchal de
Provence ou son Lieutenant audit Marseille, ni autres
nos Juges et Officiers audit Païs en puissent prendre
connoissance en première instance ni par appel; de
manière que quand il en a voulu prendre connoissance,
notre Cour de Parlement a cassé ses procédures et confirmé les Jugemens desdits marchands et renvoyé devers
eux les Parties pour exécuter leurs Jugemens, dont
advient un si grand bien, qu'il ne se trouve Marchand en
ladite Ville vexé ni travaillé par longueur de procès, frais
et dépens pour raison de sa marchandise et négociation;
car lesdits Juges assemblés sont venus vuider les procès
pour le plus tard dedans un mois, ce qui a été observé
de tout tems et tel qu'il n'est mémoire du contraire;
toutefois puis aucun tems en ça le Lieutenant de l'Amirauté en ladite Ville de Marseille sous ombre de quelques
Ordonnances faites en l'an 1543, par lesquelles il est
ordonné que l'Amiral et ses Lieutenants aura connoissance de toutes Armées qui se dresseront sur mer, des
prises et crimes faits en la mer et autres choses contenues
en ladite Ordonnance; et en vertu de certaines Lettres
par lui sur ce obtenues le 11 juin 1543, confirmatives
desdites Ordonnances, lesquelles ont été vérifiées en notre
dite Cour, sauf auxdits Supplians à se pourvoir devers
Nous pour leur pourvoir, s'éforce directement contre
lesdits Privilèges, possession et jouissance desdits Juges.
Arrêts de notre dite Cour sur ce donnés, prendre
connoissance du fait mercantil, négociation et trafic qui
se fait sur la mer, accords, contracts et privilèges,
nolisement, affrètement qui se font pour raison de ce.
Toutes choses qui sont de la vraie connoissance des
Juges desdits Marchands, non dudit Lieutenant, n'étant
telle chose concernant le fait de l'Amirauté, mais du train
et trafic de marchandise, ce que ledit Lieutenant fait
pour un profit et lucre particulier qu'il espère des procès,

pour raison de ce intentés devant lui au dommage de nos
Sujets, lesquels sont grandement vexés d'être tirés en
procès, pour raison de ce devant ledit Lieutenant ; car
outre ceux qu'ils sont consommés en grande dépense, ils
sont vexés de la longueur de tems à la poursuite des dits
procès, et cependant sont divertis de leur train, trafic et
négociation qui cessera, et dont ils seront grandement
soulagés, si suivant les dits privilèges, contract et invé-
térée jouissance ils sont poursuivis devant lesdits Juges
des Marchands ; car le plus souvent dès la première ou
seconde assignation ils sont mis hors de procès sans être
vexés ni consommés en dépens, à quoi ayant égard, nous
ont très humblement réquis et suppliés sur ce faire
déclaration de notre volonté, suivant la réservation à eux
faite par notre dite Cour. NOUS, A CES CAUSES,
après que par les Présentes ci-attachées sous notre
contrescel nous est apparu de ce que dessus même desdits privilèges, possession et jouissances desdits juges,
Arrêts sur ce donnés en notre dite Cour, confirmatif de
leurs Procédures, Ordonnances sur le fait de l'Amirauté,
Lettres obtenues par ledit Lieutenant pour l'observation
d'icelles, vérifiées en notre dite Cour, sauf auxdits Supplians à se retirer devers NOUS pour leur pouvoir, et
pour plusieurs bonnes considérations à ce nous mou-
vans, avons par avis et délibération de notre Conseil où
le tout a été lu, dit, déclaré et ordonné, et par la teneur
de ces Présentes de notre certaine science, grace spéciale pleine puissance et authorité Royale et Provençale,
disons, déclarons, ordonnons, voulons et nous plait que
les dits Juges des Marchands, ainsi que dit est, élus
tant pour connoître en première que dernière instance,
connoîtront de toutes causes, matières et affaires mercantilles, concernant le seul train et trafic de marchandises
tant par mer que par terre, civilement seulement,
accords, contrats, promesses, obligations, cedulles,
lettres de change, nolisemens, affretements, associations,
chargemens de Vaisseaux et autres choses, quelconques
faites et à faire entre nos Sujets pour raison de ce, sans
que ledit Lieutenant de l'Amirauté audit Marseille, ni
notre Sénéchal dudit Pais, ses lieutenants et autres nos
Juges en puissent connoître ce que nous leur avons très
expressement défendu et défendons par cesdites pré-

LE CH.ER DE VALBELLE

sentes, sous peine de tous dépens, dommages et intérêts
des Parties qui voudroient faire procéder devant eux sous
ombre desdites Ordonnances ; pour le bien et le soulagement de nos Sujets nous avons excepté et exempté,
exceptons et exemptons lesdites affaires et différends
procedant du fait et trafic de marchandise simple et en
chose civile seulement, et que desdites affaires et différents lesdits Juges des Marchands présens et à venir
connoissent privativement à tous autres et en décident
aussi, et selon que leur prédécesseurs l'ont fait par le
passé et est porté et contenu par leurs dits priviléges,
livres, papiers, et registres de Consulat, auxquels en cas
de doute Nous voulons et entendons y être recouru,
enjoignant très expressement à notre Procureur-Général
tenir la main en l'observation de ce, et y faire ensorte
qu'il soit entièrement exécuté et entretenu sans que les
dits Supplians ayent plus occasion de retourner vers
nous à plainte par faute de ce, SI DONNONS en mandement à nos aimés et sceaux Conseillers les Gens tenant
notre dite Cour de Parlement de Provence, Sénéchal dudit lieu, que notre présente déclaration et Ordonnance,
ils fassent lire, publier, enrégistrer et du contenu jouir et
user lesdits Supplians et lesdits Juges présens et à venir,
sans leur faire ni souffrir être fait mis ni donné aucun
trouble ou empêchement contraire aux tant icellui si
aucun en y a, contraignant à ce faire et souffrir tous
ceux qui pour ce, seront à constraindre par toutes voies
dûes et raisonnables nonobstant opposition ou appellations quelconques faites ou à faire : Car tel est notre
plaisir non-obstant comme dessus et quelconques Lettres
Mandemens et Ordonnances et défenses contraires à
l'effet de ces présentes auxquelles en témoin de ce, avons
fait mettre notre scel. Donné à Barleduc le huitième jour
de mai l'an de grace mil cinq cent soixante quatre, et de
notre règne le quatrième, et sur le repli par le Roi Comte
de Provence en son Conseil. Signé : LE ROI avec para-
phe et Scellé du grand Sceau.

Cette Ordonnance, sévère en ses termes et claire
dans ses conclusions, était la condamnation définitive de l'Amirauté. Elle ne s'y soumit pas tout

d'abord et nous verrons plus loin à quelles démarches et procédures il fallut recourir pour faire enregistrer la sentence royale par le Parlément. Cependant cette nouvelle preuve, on peut presque dire de force, d'une volonté tenace et énergique à maintenir intangible la juridiction des Marchands et à la défendre contre toute usurpation, calma pour près de cent ans les attaques de l'Amirauté désarmée mais non vaincue.

Nous allons mettre à profit cette longue trêve pour suivre les Juges Consuls dans leur prétoire, parler de leur nomination, de leurs rétributions, de leur costume et de la procédure suivie devant eux.

La nomination des juges consuls fut primitivement, et même après l'ordonnance de Jean de Cossé, laissée à la discrétion des Viguiers de Marseille. Il leur était toutefois recommandé de les choisir *probi et dilecti*, ce qui indique que le principal but de leurs fonctions était la conciliation des parties.

Mais, en 1492, le roi de France ayant approuvé comme Comte de Provence le règlement d'Aimar de Poitiers de Saint-Vallier pour la nouvelle formation du Conseil municipal, la nomination des Juges Consuls échut aux conseillers des honneurs et eut lieu toutes les années le 28 octobre, jour de Saint-Simon et de Saint-Jude.

On appelait conseillers des honneurs les délégués, au nombre de 24, nommés par une assemblée de 72 députés qu'élisait le peuple (au nombre de douze électeurs par quartier).

Dès leur élection ces vingt-quatre conseillers des honneurs se retiraient avec le Viguier et le secrétaire de la Ville dans une salle entièrement close et là, à l'aide de bulletins qu'ils renfermaient dans de la cire et que l'on appelait *bolettes*, ils nommaient d'abord les trois Consuls, puis les Juges Marchands et ensuite tous les dignitaires et officiers de Marseille en les choisissant hors de leur sein, sage précaution qui faisait taire bien des rivalités. Le vote émis et les bolettes étant dans l'urne, « elles en étaient retirées, dit le règlement, par un pauvre garçon casuellement trouvé, âgé de 6 ans et au-dessous, ayant les bras nus ; le Viguier ouvrait et lisait publiquement ces bulletins dont les noms étaient aussitôt enregistrés par le secrétaire de la Ville.

Mais cette nomination n'était pas toujours agréée par l'intéressé qui ne s'offrait jamais comme candidat et dont le nom sortait spontanément de l'urne sur sa réputation d'honnêteté. J'ai déjà dit comment, par suite des vexations de l'Amirauté, les Juges Consuls étaient difficiles à trouver et le Conseil de la Ville, dans sa séance du 9 novembre 1559, dut prendre l'engagement de les défendre et de les relever de tous dommages et dépens quant à ce.

Mais en outre la fonction de Juge Consul était déjà ce qu'elle est encore de nos jours toute faite de travail et de dévouement, donnant peu de relief et moins encore de récompenses. Aussi devant cette faveur peu enviable et partant peu recherchée, c'est à qui s'excusera de son mieux. L'un excipe modestement de son insuffisance, l'autre fait valoir ses infirmités, un troisième enfin invoque sa charge de *piqueur au vol du héron de la grande Fauconerie de France.*

De tous les comparants signifiés à cet effet à la Municipalité et à refus de cette dignité, je cite à titre de curiosité et de modèle celui de Noble François Marie de Roux.

« Par devant nous Maire, Échevins, assesseur et « Conseil municipal de la Ville de Marseille, est « comparu noble François Marie Roux, écuyer,

« lequel ayant appris que nous l'avons nommé à la
« place de juge consul, nous expose les justes motifs
« qui l'empêchent de la remplir.

« S'il ne consultait que l'envie de répondre à
« l'honneur que nous lui avons fait il n'hésiterait
« pas et le désir d'être utile à ses concitoyens le
« ferait sans doute passer par dessus toute autre
« considération. Il a prouvé par le service des divers
« hôpitaux auxquels il a été successivement appelé
« qu'il se prête volontiers à donner au public son
« temps et ses soins autant que ses forces peuvent le
« permettre, mais il ne doit pas nous taire que ce
« service même, surtout celui de l'Hôtel-Dieu, a
« notablement altéré ses forces, il n'a ni le talent
« qu'il faut pour une place qui demande une expé-
« rience consommée, ni la santé nécessaire pour en
« remplir les fonctions.

« Les fluxions, dont il est atteint depuis plus de
« vingt ans, lui tombent périodiquement tous les
« deux ou trois mois sur les oreilles et lui causent
« pendant un mois ou six semaines des surdités que
« le ménagement seul peut dissiper. L'ouïe est, sans
« doute, de tous les sens le plus indispensable au
« juge consul, il faut de toute nécessité entendre les
« raisons des parties avant que d'en décider, et,
« privé pendant une bonne partie de l'année d'en-
« tendre, il ne pourrait absolument pas se rendre
« aux devoirs de cette charge. Il est, d'ailleurs, sujet
« à plusieurs autres infirmités qui l'obligent à de
« grands ménagements. On lui a souvent conseillé
« la distraction des affaires, le repos et le séjour à la
« campagne et il est tous les jours menacé de ruiner
« entièrement sa santé s'il venait à se livrer à un
« travail trop pénible et trop assidu.

« C'est d'après ces considérations puissantes que
« le comparaissant nous prie et requiert de le déchar-

FRANÇOIS-MARIE DE ROUX
(1741-1828)

Collection Raymond de Roux. — Cliché E. Villard.

« ger d'une place que la faiblesse et l'altération de sa
« santé ne lui permettent pas de remplir, il l'attend
« avec confiance de la bienveillance et de la justice
« du Consul.

« Signé : François-Marie Roux. »

(1) Sainte-Marguerite, 24 octobre, Monsieur Simon Rolland
demande d'être dispensé de la charge du juge Consul à cause
de ses infirmités. Il y a comparant.

« Sainte-Marguerite, 28 octobre 1777.

« Messieurs,

« J'eus l'honneur de vous adresser, l'année dernière, mes
représentations pour obtenir du Conseil Municipal d'être remplacé dans la charge du Juge Consul ; vous eûtes la bonté de
les communiquer, et je reçus à cette occasion de mes concitoyens un témoignage d'approbation et confiance dont je con-
serverai toujours le souvenir. Je me hâtai de venir en ville, je
prêtai le serment accoutumé, et me livrai avec empressement
aux fonctions d'une charge qui exige l'assiduité et beaucoup
d'application. Je ne tardai pas de reconnaître que mes forces
ne répondaient pas à ma bonne volonté, ma santé même commençait de s'altérer, elle m'obligea à mon grand regret de dis-
continuer le service et, mes collègues voulant bien suppléer à
mon absence, je retournai à la campagne pour y respirer l'air
qui m'est devenu nécessaire.

« Agréez donc, Messieurs, ma démission et permettez-moi de
vous supplier de communiquer au Conseil Municipal le comparant que je prends la liberté de vous adresser.

« Je suis très respectueusement, Messieurs, votre très humble
et très obéissant serviteur.

« Roland.

« MM. les Maire, Échevins et Assesseur. »

En 1774. — Le sieur Etienne Fléchon, élu juge-consul, invoqua
« qu'il a été pourvu en mil sept cent soixante-neuf d'une charge
de piqueur au vol du héron de la grande Fauconerie de France »,
ce qui le dispense de toute charge municipale. D'ailleurs, diverses infirmités, ajoute-t-il, militent en faveur de son remplacement. (Registre 175 des Délibérations municipales, f° 191).

En 1775. — Noble Jean-Honoré Bourguignon, écuyer, élevé
aux fonctions de juge consul, expose, pour demander à les
résilier :

1° Qu'il a une commission de quêteur et marguillier de

La surdité du noble escuyer était, en effet, une trop valable raison pour que le Conseil de la Ville ne s'y rendît pas. Mais que dire de cette considération subsidiaire finale et anodine de la nécessité du repos à la campagne qu'invoque noble François-Marie de Roux, si non que l'amour de la bastide fut de tout temps et reste de nos jours encore l'apanage du vrai Marseillais. C'est cet amour invétéré qui inspira cette boutade à Arnould, intendant, des galères dans un de ses rapports à Colbert : « Vous « ne ferez jamais dans Marseille par ceux de la « Ville de grand et beau commerce qui se devrait et « pour qui la nature semble avoir fait cette ville.

« Ils se sont tellement abastardis à leur bastide, « méchants trous de maisons qu'ils ont dans leur « terroir, qu'ils abandonnent la meilleure affaire du « monde plutôt que de perdre un tel divertisse- « ment ». Nous verrons plus tard en quelle catastro- phe se changera ce divertissement pour François-Marie de Roux.

La même promptitude que mettent certains juges consuls à fournir cent bonnes raisons pour ne pas exercer leur charge, d'autres la mettent à descendre de leur siège si tôt l'année résolue de leur mandat même sans avoir été remplacés. C'est sous le coup d'une de ces défections que, dans sa séance du 26 octo- bre 1596 (Archives de la Ville) le premier consul remontre au conseil de la Ville que MM. les Juges du Commerce font difficultés e de plus tenir audience

l'Œuvre de la Rédemption des Captifs, ce qui l'exempte de toute charge publique ;

2° Qu'il est veuf et chargé de l'éducation de ses cinq enfants ;

3° Qu'il dirige seul un commerce considérable ; —

4° « Que de plus sa constitution ne lui permet de mener une vie sédentaire sans s'exposer aux dangers qui en sont la suite inévitable. » (Registre 176, f° 191 recto).

ou continuer leur charge disant en estre dehors depuis la feste de la Toussaint. Le dit Conseil a esté d'avis que les dits sieurs Consuls continueront l'exercice de leur Etat et charge consulaire jusqu'à ce que le nouvel Estat soit fait de quoy leur est en tant que de besoin donné tout pouvoir et authorité. »

Si la nomination de ces derniers appartient toujours, comme nous venons de le dire, au Conseil municipal, la surveillance des juges en fonctions fut aussi toujours de son domaine. C'est ainsi que nous le voyons par sa délibération du 3 décembre 1478 frapper de révocation comme *aliquomodo suspectus*, Raynald Altovitis, accusé de faiblesse de cœur pour la femme d'un sien voisin boulanger, qui pétrissait aussi bien sa pâte qu'il rouait sa femme de coups.

Les Juges Consuls, comme nous l'avons déjà dit, étaient au nombre de deux et siégeaient ensemble sur un fauteuil double en forme de trône surmonté d'un baldaquin frangé de velours bleu ou cramoisi et dont le dossier, également drapé de velours, portait au-dessus de chaque juge les armes du Roi de France et entre eux celles de la Ville. J'ai encore retrouvé, aux archives de l'Hôtel de Ville, le dessin de leur siège tel que j'en donne la description ci-dessus et le dessin autre part.

Mais quoique siégeant sur deux fauteuils pareils les deux juges n'étaient pas égaux ; le premier juge avait voix prépondérante et le second juge ne passait pas le premier par le seul fait de l'absence ou de la révocation de celui-ci. Le Conseil nommait un autre premier juge et le second restait second.

Mais cet état de chose fut modifié par l'Edit de mars 1717, enregistré par le Parlement le 8 mai suivant et qui porta à trois le nombre des Juges Consuls. On procéda, dès lors, chaque année, à l'élection d'un nouveau juge qui prit la troisième place en même temps que le plus ancien sortait de charge et que les deux autres accédaient chacun d'un degré.

EDIT de mars 1717 contenant Règlement pour la communauté de la Ville de Marseille enregistrée par le Parlement le 8 mai même année.

ARTICLE 58. — Comme l'expérience a fait voir que les deux Juges Consuls, qui ont exercé jusques à présent la Juridiction, ne sont pas suffisants, voulons que la Juridiction soit exercée à l'avenir par trois juges Consuls. Ordonnons qu'il en sortira un de charge chaque année savoir celui qui aura servy en qualité de premier en la place duquel il sera eslu un autre, pour remplir la troisième place en sorte qu'il y ait toujours trois juges consuls.

Les Juges Marchands, comme je l'ai dit au début de cette histoire, procédèrent, à leur origine, des consuls du Levant; de là leur nom de Juges Consuls. Ou peut-être leur nom vient-il plus exactement de ce qu'il furent fréquemment à l'origine choisis parmi les Consuls de la Ville sortant de charge. Ainsi on lit dans la séance du 28 octobre 1562: « Ont aussi esté nommés pour Juges des marchands les Consuls premier et second de l'année passée et aux appellations les juges vieux. (Le premier consul en 1561 était noble Adam Bouquier et le second Pierre Blanc).

Ce qui me confirme dans l'idée que leur nom de Juges Consuls venait de ce qu'ils avaient été primitivement Consuls de la Ville, contrairement à certains auteurs qui en attribuent la paternité à Charles IX, c'est que presque tous leurs jugements commencent par ces mots « Nous Juges et Consuls », et aussi parce qu'ils siégeaient en robe de Consuls, avec le chaperon attaché à cette dignité ; ce ne fut que plus tard, alors que l'usage se répandait de nommer à ces fonctions d'autres que les consuls et que, partant, la robe consulaire fit défaut, que le Conseil municipal, par sa délibération de 1578, donna aux juges marchands une robe décarlate de la valeur de 120 livres, qui fut porté à 240 livres en 1605 (1).

La Ville du reste fut toujours très généreuse sous l'ancien régime pour les Juges Consuls. Non contente de porter en 1740 à 300 livres la valeur de leur robe

(1)   *Séance du 9 novembre 1578 (f° 423 verso)*

A esté remontré par le dit premier consul que en toutes les bonnes et notables villes de France auxquelles sont sièges de juges des marchands, l'on a coustume de bailher une robe de violet affin que tenant les diets juges leur court, ils soient mieulx honnorés et respectés en leur estat et charge; et par ainsi, il l'on trouveroyt bon qu'on en usa dorénavant en ceste ville laquelle n'est pire que les autres. Sur quoy a esté refformé par le dict conseill que sera dorénant bailhé à un y chascungs des diets juges des marchands une robe de drap viollet, descarlate aux dépens de la diete ville, laquelle sera et demeurera aux diets juges, en récompense des peynes et travaulx qu'ils prennent durant leur année sur l'administration de justice, sellon le deub de leur charge, et à ces fins en sera faicte boiets et assise sur l'ordinaire.

Année 1605. (Collection de Mandats).

Lange de Vento, Antoine Dermite, escuyer, et François Velin Bourgeois, Consuls, gouverneurs, protecteurs et deffenseurs des statuts, privilèges et libertés de ceste ville de Marseille, mandons à vous Sr Thomas Boulhard, trésoriers des derniers communs de ceste dite ville, payer comptant de ceulx de vostre recepte à Charles Selham, escuyer, et Oratio Padoan marchand, juge du commerce, pour les deux robes escarlatte viollete que la ville a de coustume donner tous les ans.... la somme de deux cens quarante livres.

Et rapportant la présente avec acquit au dos d'icelle la diete somme vous sera admise à la réduction de votre compte.

Donné à Marseille le dernier décembre mil six cens et cinq Doin sendic, Caze sendic, A Moustier, sindic, Dagde, conteroleur. Par Messieurs les Consuls Bernard.

(4e du Mandat 27 au dos l'acquit avec les signatures.)

devenue plus riche, elle leur accorda annuellement 210 livres pour une chaise à porteurs durant les six mois de la mauvaise saison. Décidément la générosité tournait ici à la munificence.

Il faut croire pourtant que nos pères ne l'entendirent pas ainsi, à preuve le mémoire suivant qu'ils adressèrent à la Ville le 3 novembre 1785, à la veille de la Révolution.

Pétition en forme de mémoire remis aux archives le 3 novembre 1785.

Messieurs les Juges et Consuls remplissant gratuitement le tribunal, les affaires y sont multipliées au point que très fréquemment il arrive qu'ils sont obligés de prolonger leurs audiences jusques à dix et onze heures du soir.

Les affaires qu'ils sont dans le cas de juger en route les occupent souvent les jours qui ne sont pas destinés pour les audiences jusques à huit et neuf heures du soir.

On ne peut méconnaître à quels dangers ils sont exposés lorsqu'ils se retirent chez eux après leurs séances. Ce n'est pas d'aujourd'hui seulement qu'on a reconnu qu'il était nécessaire de les mettre à portée de se garantir des maladies dont ils courent risque d'être atteints en sortant de leur tribunal, surtout en hiver, après des séances longues et fatiguantes. C'est ce qui avait déterminé à fixer une somme de deux cent dix livres pour les mettre à portée de fournir à la dépense d'une chaise à porteurs, mais cette somme est visiblement insuffisante même pour une seule chaise et une seule chaise pour trois personnes l'est encore plus.

Il n'est pas juste que des personnes qui sacrifient leurs soins et leurs veilles au service du public, qui

abandonnent même leurs propres affaires pour
celles de cette multitude de particuliers dont les
différents et contestations sont portés au tribunal
consulaire, soient exposés à l'alternative, ou d'être
atteints de maladie ou de faire une dépense considérable pour s'en garantir.

Il paraîtrait convenable qu'on fit faire trois chaises
à porteurs décentes et qu'on destinât un fonds
suffisant pour fournir à l'habillement et entretien
de six porteurs qui seraient affectés au service de
MM. les Juges et Consuls.

Ce qui est flatteur pour la justice consulaire c'est
de voir avec quelle promptitude, sous le régime des
Tyrans on défère au désir exprimé par ce mémoire.

La demande est du 3 octobre ; dès le 20 du même
mois le Conseil Municipal en délibère et l'accueille ;
l'Intendant homologue cette délibération le 6 mai
suivant et le 21 Mai figure à la comptabilité de la
Ville un reçu de 1800 livres d'un sieur A.-J. Simon,
marchand sellier, pour le montant de trois chaises
à porteur qu'il a fait pour l'usage de MM. les Juges
Consuls à raison de 600 livres l'une.

Maintenant veut-on savoir l'état des dépenses
occasionnées durant une année par ces chaises à
porteurs ? Le voici :

Etat des dépenses faites pour les chaises à porteur
de MM. les Juges et Consuls depuis le premier Janvier 1787 savoir :

Pour la chaise à porteur de M. Martin... 600 liv.
Payé au sieur Chaudon pour les habits
    d'hiver des porteurs de M. Martin ... 289   8
Au sieur Grasset, tailleur, pour façon et
    fournitures........................ 84   16
Au sieur Gasquet pour deux chapeaux

galonnés argent pour les porteurs de
M. Martin............................... 48 liv.
Aux porteurs de M. Martin pour bas et
souliers.............................. 16
Pour Idem aux autres porteurs le 2 et le
15 Juin.............................. 32
Pour les habits d'été des porteurs de M.
Martin (1)........................... 147   8
Pour façon et fournitures.............. 43   7
Pour chapeaux fournis à tous les porteurs 56   »
Pour bouracan livré par le sieur Boyer
aux porteurs pour vestes d'été........ 213   19
Pour façon et fournitures............. 73   5
Salaires de six porteurs, du mois de jan-
vier, pour 31 jours.................. 204   12
(Id. proportionnellement pour les autres mois,
jusqu'en septembre inclusivement.)

Montant total de la note 3.403 livres 19 sols (2).

Trois mille quatre cents livres, c'est un joli denier
et M. Martin devait être fier de sa livrée. Hélas! la
roche tarpéienne n'était pas loin de ces splendeurs :

(1) Martin fils de César fut le dernier Juge Consul. On verra
plus loin, au chapitre suivant, comment il fut chassé par la
municipalité révolutionnaire de 1795.
(2) La Ville fut non seulement généreuse mais encore confiante
dans les juges consuls. Les pestes et les maladies de toute sorte
venant périodiquement désoler la Cité elle avait créé un bureau
de la santé aux délibérations duquel elle le convia en même
temps que les députés du Commerce, par sa délibération de
novembre 1628.
1628 (Novembre)..... suivant laquelle délibération à la
nomination dudit sieur premier consul..... a été remontré
qu'il est très utile d'établir un bureau des principaux marchands
de ceste ville afin de pouvoir rézoudre des affaires qui peuvent
subvenir tant pour le commerce que encore pour le faict de la
santé. Y seront appelés les susintendants modernes d'icelle
(de la santé) ung de chacun quartier à tour de roolle qu'y

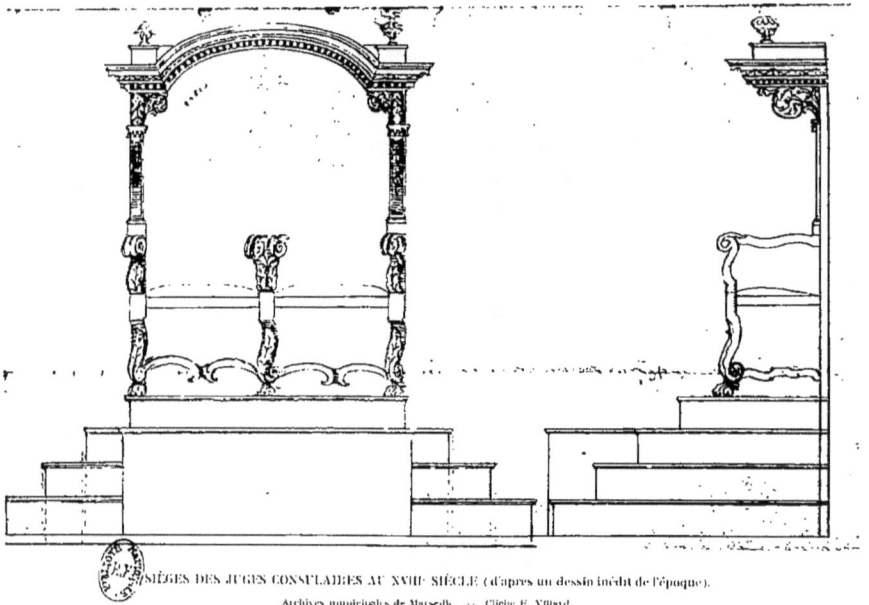

SIÈGES DES JUGES CONSULAIRES AU XVIIIe SIÈCLE (d'après un dessin inédit de l'époque).

mais n'anticipons pas sur l'avenir et disons un mot des jugements consulaires.

Les Juges Marchands ne prononçaient pas de jugement à proprement parler sur les causes à eux soumises, mais de simples sentences orales que le greffier enregistrait, faisant suivre l'exposé du différend du demandeur de ces mots : « Reçu en sa demande ou débouté de ses prétentions ».

Ces jugements en matière sommaire et d'instruction étaient quelquefois, en matière plus importante, rendus en rotte, c'est-à-dire en délibération commune avec d'anciens juges, des commerçants en renom, des notaires, des avocats. Le nom de toutes les personnes assemblées en rotte, figurait, dans ce cas, au jugement et chacune le signait avec le juge président. En outre la sentence rendue en rotte devait être prononcée devant cinq personnes au moins, ce qui porte à croire que la publicité n'était pas nécessaire pour les autres.

Le 28 octobre, jour de leur nomination, était un jour de grande fête. Les réjouissances publiques duraient bien avant dans la nuit et les nouveaux Juges Consuls distribuaient au peuple des épices ; malicieuse vengeance de nos pères à l'adresse des juges de l'Amirauté et de droit commun qui, eux, en recevaient au lieu d'en donner. En janvier, les nouveaux juges tenaient leur séance solennelle de rentrée à laquelle assistaient les échevins en chaperon sur un banc au tapis de la ville. Ils avaient, le matin, prêté serment aux mains du viguier. Ce ne fut qu'en 1787 que les juges en fonctions reçurent le serment de leurs nouveaux collègues.

seront chacun ung mois auquel bureau assisterait Messieurs les Consuls vieux et nouveaux et pour le faict du commerche aussi y assisteront les Juges Consuls vieux et nouveaux ainsi que les députés tant vieux que nouveaux du dit commerche.

4

Si l'on veut du reste avoir une idée bien exacte de
de tout le fonctionnement de la justice consulaire à
la veille de la Révolution, au moment où elle allait
être bouleversée de fond en comble, on n'a qu'à lire
la pièce suivante qui en donne avec précision tous
les détails :

Nous Jérôme Eydin, Pierre-Nicolas Testar et Joseph
Aubert, juges et consuls de cette ville de Marseille, au
requis de MM. les Consuls et Assesseurs de la ville d'Avignon contenu dans leur lettre missive du quatorze du
courant adressée à MM. les Maire, Echevins et Assesseur
de cette ditte ville, déclarons par le présent acte de notoriété que nos charges de juge et consuls sont exercées au
nombre de trois; que l'élection se fait de l'un, à chaque
année dans le mois d'octobre par le Conseil de Ville
conjointement avec les autres officiers municipaux, que
le Conseil commence le vingt-huit du même mois jour de
Saint-Simon et de Saint-Jude et est continuée les vingt-
neuf, trente et trente un; que le juge et consul nommé
est installé le premier jour de l'an au matin; qu'il prête
le serment avec les autres officiers municipaux dans
l'hôtel de ville, entre les mains du président de l'assemblée qui est M. le Viguier et à son défaut M. le Maire; qu'il
se rend à l'assemblée en robe, rabat et bonnet carré avec
son greffier qui marche à son côté, précédé des quatre
huissiers de la juridiction, tous aussi en robe et rabat;
que la robe du juge est d'un damas violet avec ampleur
et traînante, et celles du greffier et des huissiers de laine
légère de la même couleur; que le juge et consul élu
exerce ses fonctions pendant trois années à la dernière
desquelles il préside le tribunal; que le tribunal porté
sur une estrade élevée d'un et demy ou deux pieds sur le
sol est placée dans une grande salle tapissée ou peinte
fond bleu, parsemée de fleurs de lis jaunes; que le tribunal est composé de trois places ou siège contigus et
au même rang séparés chacun par des bras en forme de
fauteuil avec l'écusson du roy sculpté et doré au-dessus
du siège du milieu qui est rempli par le juge et consul
président, et les armoiries de la Ville au-dessus des deux
autres juges dont celui qui est à la droite est occupé par

le juge et consul qui a commencé la seconde année de son
exercice et celui à gauche par le juge et consul nouvellement élu; que le bureau du greffier est sur le sol au pied
du tribunal dont la face est tournée vers la salle dans
laquelle et à quelque distance du tribunal il y a une
balustrade en bois, hors de laquelle se tiennent les parties
qui doivent plaider. A côté du greffier se trouve placé
l'huissier audiencier qui appelle les causes ou les éti-
quettes sur lesquelles sont écrits les noms et les demandes des parties qui sont laissées au greffier pour y écrire
les sentences, et hors de la balustrade il y a un autre
huissier assis sur un siège élevé pour imposer silence;
que les parties dont les causes sont appelées entrent tout
de suite dans l'intérieur de la balustrade et plaident leur
cause; que dans cette salle et sur ce tribunal nous tenons
nos audiences publiques en robe, rabat et bonnet et le
greffier et les huissiers de service de même et nomement
l'audience de commencement de l'année dans laquelle
nous recevons le service du greffier, de ses comis et des
huissiers à laquelle nous sommes honorés de la présence
de MM. les Maire, Echevins et Assesseur.

Que plein pied de la dite salle il y en a une autre qui
communique par une porte et un tambour tapissés de
même que nous appelons la chambre du Conseil; que le
bureau y est placé sur une petite estrade ou marchepied
d'environ deux pans au dessus du sol; que les trois fauteuils où nous sommes assis sont en face de ce bureau et
une chaire élevée pour notre greffier qui écrit sur ce
bureau est placée à l'autre face; que c'est dans cette
chambre du Conseil que nous tenons le plus souvent
nos audiences ordinaires pour être plus tranquilles,
moins exposés au bruit et au tumulte des parties et pour
avoir plus de liberté de conférer entre nous toujours en
robe et en rabat; que les parties qui ont des causes à
plaider se tiennent hors de cette chambre du Conseil
dans la salle des audiences publiques, ils entrent à
mesure qu'elles sont appelées à tour de rôle de la porte;
que nous tenons nos audiences régulièrement deux fois
par semaine, les lundis et jeudis et nous les ouvrons à
trois heures après midi en continuant jusques à ce qu'il
n'y ait plus de parties à entendre; que celles qui ne
comparaissent pas aux assignations qui leur sont données

sont condamnées par défaut et qu'elles ont la liberté de
les rabattre les audiences suivantes en faisant assigner
les parties qui les ont obtenues ; que lorsque les causes
qui se présentent par devant nous sont compliquées et
exigent une longue discussion nous les renvoyons à des
jours particuliers ou à des personnes de conseil comme
avocats, négociants ou autres personnes d'expérience
qui les examinent à loisir, entendent les parties et viennent nous en faire leur rapport sur les assignations qui
sont données aux dites parties ; qu'à ces audiences extraordinaires nous ne siégeons pas avec nos robes et rabat ;
qu'à l'égard des causes où il est question d'éclaircir
des faits d'expérience comme de faire des poisages, des
mesurages, de déterminer les quantités et qualités des
marchandises, les dommages, défectuosités qui s'y trouvent ; au lieu d'ordonner des rapports par écrit qui
occasionneraient des grands frais et formalités multiples,
nous nommons des personnes à ce connaissantes qui les
examinent et viennent nous en faire leurs rapports verbaux aux jours que les parties sont assignées ; que nous
recevons les rapports et les faisons rédiger par notre
greffier hors la présence des parties, le serment préalablement prêté par les experts en leur présence dont nous
faisons mention dans nos sentences ; qu'après que le
rapport a été rédigé nous en faisons faire lecture aux
parties qui payent sur le champ aux experts leurs vacations telles qu'ils les ont taxées eux-mêmes ; qu'après
cette lecture les parties déclarent si elles acquiescent au
rapport ou si elles en recourent et nous faisons mention
de leurs déclarations, au premier cas nous jugeons la
cause tout de suite et au second cas nous la renvoyons
à une autre audience et cependant nous nommons
d'autres experts pour aider le recours et il est procédé
de la même manière que nous admettons les recours
jusques à ce qu'il y ait trois rapports conformes ; que les
délais des assignations sont nécessairement d'un jour
franc, c'est-à-dire qu'elles ne peuvent être données du
jour au lendemain; à moins qu'il n'y eut péril dans la
demeure et qu'il fut question de livraison de marchandises ou d'autres cas qui requièrent célérité pour lesquels
nous permettons des assignations d'heure à heure et
même les jours de dimanches et de fêtes ; que nous décer-

Nous, Marie Joseph _____ le 22 avril 1790

A été chargé au Nom de Dieu & de bon Sauvement, au Port & Havre de cette Ville, par _____ _____ _____ _____ _____ _____ _____ _____ _____ appelé _____ _____ commandé _____ _____ pour porter & conduire, Dieu aidant, à _____ & consignera _____ _____ _____ _____ ou qui pour _____ _____ les marchandises ci-après mentionnées : Sçavoir

_____ _____ _____ _____ _____ _____ _____ _____ _____ _____ _____ _____ _____ _____ _____

VM

Lesquelles susdites marchandises ont été chargées sur le _____ _____ bien conditionnées & marquées de la marque de contre; qu'ainsi reçües que feront. Et au dedans, audit _____ _____ par _____ _____ _____ _____ ou qui pour _____, sans y avoir rien de mouillé ni de gâté payera de nolis conforme _____ _____ _____ _____ _____ _____

_____ _____ _____ _____ _____ _____

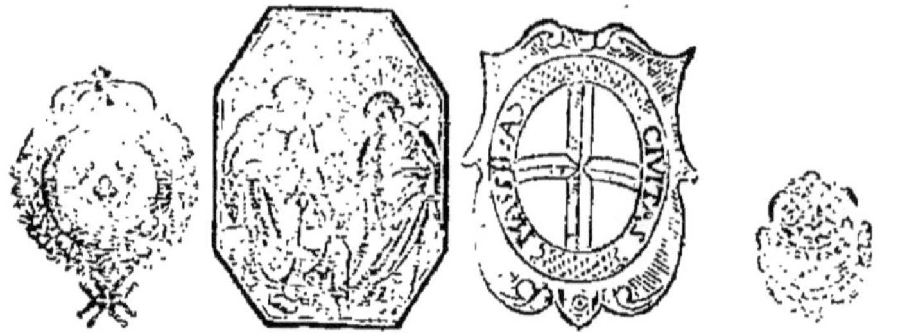

AU NOM DE DIEU ET DE LA Ste VIERGE

QUI CONDUISE LE TOUT A BON SAUVEMENT

Alors ledit risque sera sur [illegible] Et veut que tous ceux qui prendront de cette Assûreté, passent le même risque que lui, tant d'[illegible], d'Amis, Ennemis, Corsaires ou Pirates, Prises & Détention de Seigneurs, tant Ecclésiastiques ou Temporelles, Represailles justes ou injustes, [illegible], Marque, Contremarque, de Vent, Foudre, Feu, Jet à la Mer, & de tous autres cas [illegible], perils & cas fortuits qui pourroient arriver, le mettant à son même lieu & place, comme si assûré ne fut, sans qu'ils puissent dire, alleguer ni contrevenir aucune chose à ce contraire, qu'ils n'ayent au préalable [illegible] la main des [illegible] par eux respectivement assurées, qu'ils promettent payer trois mois après les nouvelles assûrées du sinistre en paix, [illegible] que Dieu ne veuille, & [illegible] trouble, lesquels trois mois seront comptés du jour que l'Assûré aura fait la déclaration de la perte ou sinistre aux Archives de la Chambre du Commerce, & qu'il sera écrit dans un Registre particulier à ce destiné. Et pour meilleure validité de cette Assûreté, lesd. Srs Assureurs obligent leurs biens à toutes Cours.

Finalement, veut & ainsi d'accord avec lesdits Assureurs, que la présente Ecrite d'Assûreté ait autant de force & obligation comme si c'étoit un Contrat public, en la meilleure condition que puisse être, avec toutes les Clauses qu'appartiennent aux Ecrites d'Assûreté.

DIEU LES CONDUISE ET FASSE SALVE. AMEN.

POLICE D'ASSURANCE MARSEILLAISE DU XVIIIe SIÈCLE.

Collection Henry Villard. Cliché E. Villard.

nons des décrets d'arrêt ou de main mise contre les
étrangers du royaume et les débiteurs suspects de fuite ;
que les décrets opèrent que les débiteurs sont amenés
devant nous et lorsqu'il est prouvé qu'ils sont redevables
et qu'ils ne présentent point de sûreté ; ils sont
condamnés à donner sur le champ bonne et suffisante
caution et à défaut d'être traduits en prison ; que nous
n'observons d'autres fériés pendant toute l'année que les
dimanches et les fêtes chômées, le jeudi saint, le jeudi
de l'octave de la Fête-Dieu et le lundi gras ; que nous
connaissons toutes les affaires de commerce de marchand
à marchand, et pour fait de marchandise seulement et
entre artisans pour les ventes et achats des marchandises
et matières qui entrent dans leur commerce et dont ils
font la revente, des lettres de charges entre toute sorte
de personnes sans distinction, excepté les mineurs et les
fils de familles qui ne sont pas dans le commerce, de
billets à ordre et de toute sorte de papiers de commerce
entre négociants, marchands et artisans, des salaires des
facteurs, des négociants, marchands et des ouvriers des
artisans, des sociétés et généralement de tout ce qui
concerne le commerce parmi les personnes qui en font
profession, même des fournitures des aliments faites aux
maîtres des arts libéraux qui tiennent des pensionnaires ;
que lorsque les parties sont contraires en fait, nous
ordonnons qu'elles produiront leurs témoins à l'audience
ou à des jours particuliers, que nous prenons leur nom,
âge, qualités, demeure et le lieu de leur origine, les
reproches et objets qui sont donnés par les parties contre
les témoins ; que nous fesons rédiger le tout par écrit
ainsi que les dépositions le tout en présence des parties ;
que si les témoins sont entendus à l'audience ils ne
signent point leur déposition, ce qu'ils font s'ils sont
entendus à des jours particuliers ; que nous distinguons
les sentences qui sont rendues à nos audiences ordinaires par les mots : *fait à Marseille en Jugement*, et
celles qui sont rendues à l'extraordinaire par les autres
mots : *fait à Marseille dans notre chambre du Conseil* ;
que nous prononçons la contrainte par corps pour toutes
les condamnations qui excèdent la somme ou valeur de
cinquante livres à l'exception de celles qui sont prononcées contre des hoirs ou héritiers, attendu que les

contraintes par corps sont personnelles et ne doivent
s'exercer que contre ceux qui s'y sont soumis par les
obligations qu'ils ont contractées ; que nous jugeons
souverainement et en dernier ressort jusques au concur-
rent de la somme ou valeur de cinq cents livres en
observant néanmoins que, si la somme demandée était
au-dessus quoique la condamnation l'eut réduite au-dessous, notre jugement ne serait point en dernier ressort
parce que la sentence qui aurait réduit la demande
formée d'une somme au-dessus de cinq cents livres n'en
aurait pas moins prononcé sur une demande au-dessus
et en ce qui est des condamnations au-dessus de cinq
cents livres, à quelles sommes qu'elles puissent monter
nous en ordonnons l'exécution nonobstant et sans préjudice d'appel, sans que la partie qui a obtenu la condamnation soit obligée de donner caution ; nous déclarons
enfin que nous ne connaissons point des averations et
reconnaissances des pièces privées ni d'aucune matière
criminelle, pas même l'inscription en faux, incidents
dans les affaires qui sont portées par devant nous, ni de
rébellions à l'exécution de nos jugements, ni de l'exécution des dits jugements lorsqu'elles sont faites contre des
tiers qui ne sont point nos justiciables, si ce n'est qu'ils
n'aient été députés séquestres des effets et choses saisies
au pouvoir des débiteurs condamnés ; et de tout ce que
dessus nous en avons adressé ce présent acte de notoriété pour servir et valoir à tous qu'il appartiendra ce
que de droit.

Délibéré à Marseille dans notre chambre du Conseil le
dix-neuf avril mille sept cent soixante dix neuf et avons
signé avec M. Jean Augustin Bourré, notre greffier.
Signé : Eydin, P.-N. Testar, J. Aubert et Bourré à
l'original.

Un des signataires de cet acte de Notoriété, Joseph
Aubert, mourut subitement le 26 janvier 1780. Je
saisis cette occasion, pour signaler les excellents
rapports qui ont de tous temps existés entre le Tribunal Consulaire et la Chambre de Commerce. On
lit en effet aux archives de cette dernière :

« ce jour 27 janvier 1780 MM. les Députés du Com-
« merce ont assisté au convoi funèbre de Monsieur
« Aubert, mort Juge Consul en fonctions, regretté de
« tous ceux qui le connaissaient et jouissant de la
« réputation d'un très honnête homme. Le poêle
« était tenu par les Députés du Commerce anciens
« Juges Consuls et MM. les Juges Consuls tenaient le
« deuil ».

Les fonctions de Juges Consuls, malgré certains
auteurs, Augustin Fabre entre autres, n'étaient pas
gratuites, ou du moins elles ne le furent pas jusqu'à
l'ordonnance de 1565. En effet dans sa séance du
9 novembre 1565, le Conseil de la Ville décide : « Que
« pour obvier que les dicts juges des marchands
« tant présents que advenir ne se fassent pas sur-
« paier des sentences qu'ils donneront, ni moins leur
« greffier des actes et procédures que fera, que les
« dicts juges auront et prendront de toute sentence
« interlocutoire ung pair de perdrix entre tous deux
« et des définitives un escu d'or aussi entre tous deux
« et pour regard de leur dict greffier il sera payé
« par les parties litigantes suivant le taux que sera
« établi par les dicts juges et encore a ordonné le
« dite Conseil que les juges vieux sur le dict Com-
« merce ne auront et prenderont aussi que ung paire
« de perdrix entre tous deux pour signer les asseurtes
« accoutumés au dict Marseille ».

La rétribution des greffiers m'amène naturellement
à parler d'eux. En principe ils furent annuellement
élus par le même pouvoir et en même temps que les
juges. Ils étaient choisis de préférence dans la corporation des notaires, mais la charge ayant été vendue
par l'Etat, ils n'en étaient que titulaires.

C'est Henri Serre, conseiller du roi et trésorier
général des finances, qui était propriétaire de cette

charge en 1597 lorsque la Ville la lui acheta au prix de 1600 escus d'or sol (1). Mais comme les finances de la Ville n'étaient pas brillantes à ce moment (la chose s'est dit-on renouvelée quelquefois depuis), elle fit appel à la bourse du sieurs Dille Jean, notaire, qui paya pour elle moyennant hypothèque à son profit des fruits de la charge jusqu'à complet paiement (2). Jean Dille vendit postérieurement ses droits à la corporation des notaires, qui reçut de ce ait du titulaire annuellement une redevance fixée primitivement à 300 livres et portée à 400 par arrêt du Conseil d'Etat du 10 juillet 1772.

La robe du greffier en chef était de damas violet à parement de gros de Tours noirs, celle des greffiers ordinaires et des huissiers en serge violette.

Quoique par son ordonnance de 1565, Charles IX eut « défendu très étroitement aux greffiers de pren-
« dre pour leur salaire et vacation autre chose qu'un
« sol tournois par feuillet écrit d'un côté et d'autre »

(1) *Archives de la Ville 28 octobre 1597*
Pour avoir la désemparation du greffe du Commerce de la dite ville tenu et possédé par M. Maître Henry Serre, conseiller du Roy et trésorier général des finances du présent pays de Provence, il a été besoin trouver la somme de 1600 escus d'or sols pour faire le rendement au dit Serre tant pour son principal prix que dépens à quoi avait été composé et accordé pour ceux que le Conseil de la dite Ville aurait commis, laquelle somme aurait été fournie par M. Jean Dillon, notaire de la dite Ville, et payée au dit Serre pour la dite Ville auquel par l'acte de transaction et accord passé entre la dite Ville et le sieur Serre le dict greffe, fruits, profits et émoluments seraient estés obligés affectés et hypothéqués au dit M. Dille et accordé qu'il en jouirait sans lui pouvoir estre hosté jusques qu'il serait remboursé de la dite somme de 1600 escus en un seul payement.

(2) Acte du 6 janvier 1597 reçu par M. Geoffroy Dupré, notaire et secrétaire de la Ville.

il faut croire que sous Louis XIII le sol tournois avait fait des petits au point que, voyant les greffiers riches, l'intendant des finances soumit leur charge à un droit de 3000 livres.

Le greffier n'est pas protestataire par tempérament ; il craint le bruit mais il s'arrange.

Il dut, en l'espèce, faire valoir aux Juges Consuls ses nouvelles charges pour se faire augmenter ses honoraires en proportion. Ceux-ci voyant par cette porte toujours ouverte s'échapper la gratuité de la justice des marchands obtinrent, par leurs instances auprès du pouvoir, qu'une nouvelle ordonnance enjoignît aux commissaires députés, chargé de percevoir les droits, de ne plus comprendre les litiges mercantils dans leurs Etats.

Si le greffier n'est pas protestataire il est quelquefois par contre oublieux des services rendus et c'est pour cette raison que ne tenant aucun compte de cette décharge il continua à tondre de très près le justiciable marchand. Comme celui-ci criait journellement au voleur et réclamait l'application des anciens règlements, le greffier avoua naïvement les avoir perdus. Les choses en arrivèrent à ce point que le tribunal se fâcha et qu'à défaut des anciens il fit un règlement nouveau auquel il soumit le haut et puissant greffier.

RÈGLEMENT fait par les Juges des marchands de cette ville de Marseille touchant la modération des droits du greffier et huissiers de leur juridiction, pour le soulagement des parties.

Sur les plaintes qui nous ont esté faites par divers marchands et autres personnes de cette Ville de Marseille, de ce qu'au mespris des anciennes coutumes les Greffier et Huissiers de cette Jurisdiction exigent des parties de

plus grandes vacquations qu'ils n'avoient accoustumé
pour le passé, toutes les taxes qui ont été faites par cy-
devant pour leur servir de règle, ayans esté esgarées, et
que les parties souffrent beaucoup de surprises, tant à
cause de la briefveté et precipitation des assignations,
que de ce qu'on ne leur baille aucune copie au premier
ajournement : Estant nécessaire de couper chemin à
semblables abus.

NOUS Juges, en Conseil de Me d'Ortigues, Advocat, et
des Sieurs Estienne d'Audifret, Balthazar Bellerot, Baptiste Franchiscou, Louys Boutassy, Joseph de S. Jacques,
Louys de Vaccon, Gaspard Caullet, et Roland Frejus,
assemblez en rotte pour ce sujet, et de leur advis avons
ordonné : Qu'attendu que les anciens Règlements ne se
trouvent point, le présent sera observé, à l'advenir selon
la forme et teneur, et à ces fins que les parties prendront
un billet au Greffe, contenant leur demande, en vertu
duquel les débiteurs seront assignez un jour devant lors
que les Audiences se tiendront le matin : et quand elles
se tiendront l'après-disner les assignations pourront
estre données le même jour, pourveu que ce soit avant
dix heures du matin. Et pour les affaires extraordinaires
ou des estrangers, elles seront données au temps qui
par nous sera désigné, et lors de la première assignation
leur sera baillé coppie dudit billet, duquel le Greffier
prendra un sol, de l'extraict d'un defaut deux sols, de
l'extraict d'une Ordonnance interlocutoire ou instructive
deux sols, de l'extraict d'une condamnation n'excédant
dix livres deux sols, et quand elle excédera ladite somme
trois sols, du droict d'une sentence rendue en rotte avec
l'extraict d'icelle vingt sols, et le Valet qui en fera la
convoquation dix sols : Et afin qu'une sentence soit
rendue en rotte, il faut que le nombre de ceux qui assistent au jugement soit pour le moins de cinq, nous compris : Des extraicts des verbaux, rapports, et autres
actes contenans plusieurs feuillets, le Greffier prendra
deux sols six deniers, pour chacun feuillet escrit d'un
côté et d'autre, y ayant à chaque page quatorze lignes
remplies d'un caractère médiocre : D'une requete trois
sols des lettres executoriales dix sols, lesquelles néanmoins il n'expédiera que pour de condamnations de dix
livres en haut, de l'averation d'une promesse sans audi-

tion de témoins dix sols, et quand ladite averation sera
faite par tesmoins le Greffier prendra trois sols de l'au-
dition de chacun d'iceux, et autant de tous les autres
témoins qui seront ouys hors du jugement, car pour
ceux qui seront produits en Audience ou à la Chambre
il ne prendra aucun émolument.

Et pour le regard des Huissiers il leur sera payé trois
sols chacun exploict d'ajournement ou reajournement
fait dans la Ville ou aux fauxbourg d'icelle, compris la
coppie, laquelle ils expédieront à chacun de tous les
exploicts qu'ils feront ; et quand les exploicts seront
faits au Terroir il leur sera payé vingt sols d'une lieuë
en ça, et quarante sols d'une lieuë en là, jusques à
l'extrémité du Terroir : De la signification d'une sentence
trois sols, d'un commandement autant, de la signification
d'une sentence renduë en rolle six sols, de la signification
d'un rapport et autre acte contenant plusieurs
feuillets à raison d'un sol trois deniers pour feuillet, en
la forme ci-dessus mentionnée, compris la coppie. D'un
arrestement six sols, d'une gagerie sans desplacer douze
sols, et où il y aura desplacement vingt sols, d'un emprisonnement pour une condamnation n'excédant cinquante
livres quarante sols, et de cinquantes livres en haut
soixante sols, d'un refermetur, avec la coppie huict
sols.

Et nous enjoignons ausdits Greffier et Huissiers, de
garder et observer le présent règlement, et de ne prendre
autres droicts que ceux qui sont cy-dessus par nous dési-
gnez, à peine pour la première fois de dix livres d'amande
et pour la seconde de vingt livres, et de suspension de
leurs charges. *Et* afin que le présent Règlement soit
notoire à tous, Nous ordonnons qu'il sera leu et publié
l'Audiance tenant, iceluy affiché en la Salle de l'Audiance,
et par tout où besoin sera, et registré rière le Greffe de
ladite Jurisdiction.

Fait à Marseille le vingt troisième mars mille six cent
soixante deux.

Signé : LAMBERT, juge. L. POBRY, juge.

Leu et publié l'Audiance tenant, le vingt huictième
aout suivant.

Collationnée : MOTRENC,
Notaire et Greffier.

A la publication de ce règlement tout rentra dans l'ordre et le greffier ne sortit plus de la juste limite de ses droits lorsqu'en 1739 une nouvelle tentative fut faite par un sieur Lambelinet, sous-fermier des domaines, à l'effet de percevoir un nouveau droit sur les jugements. Ici ce furent les Juges Consuls de Paris qui voyant de nouveau à cette occasion surgir les exigences du greffier et pâtir le justiciable, prêchèrent la croisade à tous les Juges Consuls du royaume et étouffèrent ces prétentions naissances du fermier Lambelinet sous ces protestations générales.

La procédure suivie devant les Juges Consuls, et nous venons par le règlement susdit d'en donner une idée, ne fut pas toujours aussi simple que l'auraient voulu ses fondateurs. Elle était toutefois moins compliquée que celle employée devant la Justice de droit commun. On peut en juger d'après le procès soutenu au civil en 1245 par Jean de Manduel contre Giraud Arnaud, avocat, son débiteur d'une charge de poivre et qui comporte (1) :

1° Un libellé du demandeur exposant les faits ;

2° Une comparution du même le 13 juin par devant Albert de Laragne, juge de la Cour Épiscopale ;

3° Dépôt du libellé et demande de l'envoi du courrier de la cour en citation du défendeur en son logis habituel de la Ville Épiscopale ;

4° Ordre Judiciaire de Citation ;

5° Attestation du courrier que par 3 fois et à 3 jours différents il s'est présenté chez le défendeur sans le trouver à son logis,

6° Sursis d'une semaine accordé au dit défendeur pour comparaître en Justice,

7° Nouvelle attestation du crieur public qu'il a par

(1) Dossier de la famille Manduel (Blancard, archiviste).

trois fois et à trois jours différents sommé quiconque
voulait défendre Giraud Arnaud en ses biens d'avoir
à se présenter à la Cour sans que Giraud ou nul de
lui n'ait comparu ;

8° Ordre du Juge à Raimond Aigremond, notaire,
d'avoir à délivrer à Jean Manduel demandeur requérant acte des formalités de procédure ci-dessus.

Et tous ces actes, libellés, ordres et attestations
pour une charge de poivre et pour un simple défaut !
car le fond nécessite encore divers comparants et
autres menus fœtus de procédure qu'il serait fasti-
dieux d'énumérer ici. Il faut tenir compte toutefois
que le défendeur est un avocat qui doit connaître
toutes les ruses du métier, sait s'en servir et que les
bâtonniers n'ont pas encore mis le hola aux velléités
commerciales des membres de l'ordre. Ce n'était pas
du reste dans l'esprit de l'époque car au xiii⁰ siècle
tout le monde à Marseille fait du commerce. Les
avocats, les notaires, les changeurs, les femmes
veuves ou mariées, les nonnes elles-mêmes. C'est
ainsi que les béguines de Roubaud s'enrichissent
dans le négoce et qu'on les voit intéressées dans
toutes les grandes affaires de l'époque (1). Cette
préoccupation générale développe la solidarité commerciale. Une orpheline nommée Sibilette voit après
la mort de son père, survenue au Maroc, ses biens
séquestrés et retenus par Bentalas, Seigneur de
Ceuta. Une réunion de commerçants se forme (les
Juges Consuls en tête) à l'effet de faire lâcher prise
au ravisseur et y parvient. Grande compétition entre
les sauveteurs à la main de Sibilette etc., etc. La vie
des Juges Consuls est tellement liée à notre histoire
locale que si je voulais mentionner toutes les jolies
choses que je rencontre sur mon chemin je n'en

(1) Dossier des Manduel (Blancard, archiviste du département)

finirais plus. Revenons donc à la procédure suivie devant les tribunaux consulaires. L'ordonnance de Charles IX que nous donnons ci-dessous la fixe et la complète. N'ayant rien de bien intéressant par elle-même j'aurai pu syntétiser ses diverses dispositions, mais comme elle est une pièce fondamentale de l'établissement de la Justice Consulaire force m'est de la consigner tout au long.

EDIT de 1565 donné à Chateaubriand. — Confirmation définitive de la juridiction consulaire de la Ville de Marseille.

CHARLES, par la grace de Dieu, Roy de France, comte de Provence, Forcalquier et terres adjacentes, à tous presens et à venir, Salut : Nos chers et bien amez les Consuls, Conseillers, Manans, et Habitans de nôtre Ville de Marseille, Nous ont, par leurs Députés qu'ils ont envoyés par devers Nous fait remontrer en notre Conseil privé que pour augmenter et entretenir le commerce et trafic des Marchands, tant originaires de notre dit Royaume qu'Etrangers, qui de tout tems ont trafiqué et négocié en ladite Ville et ès environs, ont été créés et institués de toute ancienneté par le Conseil de ladite Ville, deux Juges des Marchands, pour juger et décider sommairement tous Procez et différens entre Marchands, sans s'attendre aux subtilitez des lois et ordonnances, laquelle création et institution desdits Juges des Marchands, tant en considération de son ancienneté que conservation des Privilèges et conventions de Pais, et abréviation des Procez d'entre lesdits marchands, leur fut confirmée par le Feu Roi René de Sicile, et consécutivement depuis par tous les Comtes de Provence nos Prédécesseurs. Mais depuis quelques années en ça, lesdits Juges auroient été troublés par nos Officiers audit Marseille et même par le Lieutenant de l'Admirauté, en l'exercice de la dite Jurisdiction. A l'occasion dequoy seroient ensuivis plusieurs Arrests de nôtre Cour de Parlement, au préjudice et grand intérest du bien public et de l'ancienne Jurisdiction desdits Juges

des Marchands. Nous requerrant très humblement leur
vouloir pourvoir et leur confirmer ladite Jurisdiction et
la réduire à l'instar de celle de Paris, Rouën, Toulouse et
autres bonnes villes de notre Royaume. *Scavoir faisons,*
que pour le bien public et abréviation des Procez et
différens d'entre Marchands, avons de nos pleine puissance et authorité Royalle et Provençale, confirmé, loüé,
et approuvé confirmons loüons, et approuvons la Jurisdiction desdits Juges des Marchands en notre dite Ville
de Marseille, lesquels seront élus par la forme et ainsi
que d'ancienneté, à la charge que l'élection se fera des
Marchands résidens en notre dite Ville de Marseille et non
d'autres.

Connaîtront de tout Procez et différens qui seront
cy-après mûs entre marchands pour le fait des marchandises seulement, leurs Veuves, Marchandes publiques,
leurs Facteurs, Serviteurs et Commettans, tous marchands, soit que lesdits différens précédent d'Obligations, Cedules, Recepicez, Lettres de Change ou crédit,
Réponses, Assurances, transport de dettes et novation
d'icelles, Comptes, Calculs ou Erreurs en iceux, Compagnies, Sociétés ou associations jà faites ou qui se feront cy-
après. Desquelles matières et différens nous avons commis
commettons et attribuons la connoissance, jugement et
décision ausdits Juges des marchands, privativement à
tous nos autres juges, appellez avec eux, si la matière y
est sujette, et en sont requis par les Parties, tel nombre
de personnes de Conseil qu'ils aviseront, exceptez
toutefois et réservez le procez de la qualité susdite jà
intentez, et pendans pardevant nos Juges, ausquels
néanmoins enjoignons les renvoyer pardevant les dits
juges des marchands si les Parties les requièrent et
consentent

Et avons dès à présent déclarés nuls tous transports
de Cedules, Obligations, Dettes qui se feront par lesdits
Marchands, à personnes privilégiées, ou autres quelconques non sujettes à la jurisdiction desdits Juges des
marchands en fraude pour icelle decliner.

Ordonnons que tous Ajournemens soient libellez et
qu'ils contiennent demande certaine, seront tenus les
Parties comparoir en Personne à la première assignation,
pour être ouyé par leur bouche, s'ils n'ont légitime excuse

de maladie, ou absence, esquels cas envoyeront par écrit leur réponse signée de leur main propre, ou audit cas de maladie de l'un de leurs Parens, Voisins ou Amis ayant charge de ce et Procuration spéciale dont il fera apparoir à ladite Assignation, le tout sans aucun ministère d'Avocat ou Procureur.

Si les Parties sont contraires et non d'accords, de leurs faits, délay competant leur sera prefix à la première comparition, dans lequel ils produiront leurs témoins, qui seront ouys sommairement, et sur leur déposition leur différent sera jugé sur le champ si faire se peut, dont nous chargeons l'honneur et conscience desdits Juges.

Ne pourront lesdits Juges en quelque cause que ce soit, octroyer qu'un seul délay qui sera par eux arbitré, selon la distance des lieux et qualité de la matière, soit pour produire pièces ou témoins; et icelui échu et passé, procéderont au jugement et différent entre les Parties sommairement et sans figure de Procez.

Enjoignons ausdits Juges vaquer diligemment en leur Charge, durant le tems d'icelle sans prendre directement ou indirectement en quelque manière que ce soit, aucune chose ni present ou don, sous couleur ou non d'Epices, à peine de crime de concussion.

Voulons et nous plait que des Mandemens, Sentences, ou Jugemens qui seront donnés par lesdits Juges des Marchands, sur différens mûs entre Marchands et pour fait de marchandise, l'appel ne soit reçu, pourvu que la demande et condamnation n'excède la somme de 500 livres pour une fois payer; et avons dès à présent déclaré non recevables les appellations qui seront interjectées desdits Jugemens, lesquels seront exécutés en nos Royaumes, Païs et Terre de nôtre obéissance, par le premier de nos Juges des Lieux, Huissiers ou Sergents sur ce requis, ausquels et à chacun d'eux, enjoignons de ce faire, à peine de privation de leurs Offices, sans qu'il soit besoin de demander aucun Placet, Visa ni Pareatis.

Avons aussi, dès à présent, déclaré nuls tous relief d'appel, ou commissions qui seront obtenuës au contraire pour faire appeller les Parties, intimer ou ajourner lesdits Juges; et défendons très expressément à toutes nos Cours souveraines et chancelleries de les bailler.

En cas qui excèdent ladite somme de 500 livres tournois sera passé outre à l'entière exécution des Sentences desdits juges, nonobstant oppositions ou appellations quelconques, et sans préjudice d'icelles que nous entendons être relevés et ressortir en nôtre Cour de Parlement de Provence et non ailleurs.

Les condamnés à garnir par provision ou définitivement, seront contraints par corps à payer les sommes liquidées par lesdites sentences et jugemens qui n'excéderont 500 livres tournois, sans qu'ils soient reçus en nos Chambres à demander Lettres de respit. Et néanmoins pourra le Créditeur faire exécuter son Débiteur, condamné en ses biens, meubles et saisir ses immeubles.

Contre lesdits condamnés Marchands ne seront adjugés dommages et intérest requis pour le retardement du payement qu'à raison du denier douze, à compter du jour du premier adjournement, suivant nos ordonnances faites à Orléans.

Les saisies et établissemens des Commissaires, et vente des biens ou fruits seront faits en vertu desdites sentences, et jugements, et s'il faut passer outre les criées et interpositions des Decrets se feront par authorité de nos Juges ordinaires des Lieux ausquels très expressement enjoignons et à chacun d'eux en son détroit, tenir la main à la perfection des dites criées. Adjudications, Héritages, Saisies et à l'entière exécution des sentences, Jugemens qui seront donnés par lesdits Juges des Marchands, sans y user d'aucune remise ou longueur, à peine de tous dépens, dommages et intérest des Parties.

Les exécutions encommencées contre les condamnés par lesdits Juges seront parachevées contre les Héritiers, et sur les biens seulement.

Mandons et commandons aux Geoliers et Gardes de nos Prisons ordinaires et de tous Hauts Justiciers, recevoir les Prisonniers qui leur seront baillez en garde par nos Huissiers ou Sergens, en exécutans les Commissions et Jugemens desdits Juges des Marchands dont ils sont responsables par corps, et tout ainsi que si le Prisonnier avoit été amené par l'authorité de l'un de nos Juges.

Et pour faciliter la commodité de convenir et négocier ensemble, avons permis et permettons aux Marchands,

et Bourgeois de notredite Ville de Marseille, natifs Originaires de nos Royaumes, Païs et Terres de notre obéissance, d'imposer et lever sur eux telle somme de deniers
qu'ils aviseront être nécessaire pour l'achat et louage
d'une Maison ou Lieu qui sera appellé la *place commune
des Marchands*, laquelle nous avons dès à présent établie
à l'instar, et tout ainsi que les Places appellées le Change
en notre Ville de Lyon et Bourses de nos Villes de Toulouse et Rouen, avec tels et semblables Priviléges,
franchises et libertez dont jouissent les Marchands
fréquentans les Foires de Lyon et Places de Toulouse
ou Rouen.

Et pour arbitrer et accorder ladite somme, laquelle
sera employée à l'effet que dessus, et non ailleurs : Les
Consuls de notre dite Ville de Marseille s'assembleront
en l'Hôtel d'icelle jusques au nombre de cinquante
marchands et notables Bourgeois, qui en députeront dix
d'entr'eux, avec pouvoir de faire la cottisation et département de la somme qu'aura été comme dit — est accordé
en l'assemblée desdits cinquante marchands.

Voulons et ordonnons que ceux qui seront refusant
de payer leur Taxe ou Cotte part dans trois jours après
la signification et demande d'icelle, y soient contraints
par vente de leurs marchandises et autres biens meubles,
et ce par le premier Huissier ou Sergent sur ce requis.

Défendons à tous nos Huissiers ou Sergens faire
aucun Exploit de Justice et Ajournements en matière
civile, aux heures du jour que les marchands seront
assemblés en ladite Place commune, qui sera de neuf à
onze heures du matin et de quatre jusqu'à six du soir.

Permettons ausdits juges de choisir et nommer pour
Scribe et Greffier telle personne d'expérience, marchand
ou autre qu'ils aviseront, lequel fera toutes Expéditions
en bon papier sans user de parchemin; et lui défendons
très étroitement prendre pour ses salaires et vacations
autre chose qu'un sol tournois, pour feuillet écrit d'un
côté et d'autre, à peine de punition corporelle, et d'en
répondre par lesdits Juges en leur propres noms en cas
de dissimulation et connivence.

Et pour faire cesser les difficultés et empêchemens
qu'on pourroit faire à l'avenir en la jurisdiction et
connoissance commise ausdits juges des marchands :

Avons ordonné, coulons et Nous plaît, que lesdits juges des marchands habitans de Marseille, pour marchandise vendue ou achetée en gros ou en détail, sans que pour raison de ce, notre Cour de Parlement d'Aix ou autres nos juges, en puissent prendre aucune Cour connoissance et jurisdiction, soit par appel ou autre, si non en cas qui excéderont à la somme de cinq cens livres tournois, laquelle en tant que besoin est ou seroit, nous leur avons de rechef interdite et très expressement défendue, interdisons et défendons par ces présentes.

Et quand à la marchandise vendue, achetée ou promise, livrer et payement pour icelle destiné à faire en ladite ville, par les marchands en gros et en détail, tant habitans de ladite ville qu'autres jurisdictions et ressorts de notre royaume, par Cedules, promesses, ou obligations, encore qu'elles soient passées sous le scel des soumissions de notre Sénéchal de Provence : Avons iceux juges desdits marchands de notre dite ville de Marseille, déclarés, et déclarons juges competans, et à eux en tant que besoin est, de nouveau attribué et attribuons la connoissance et jurisdiction des différens qui naîtront entre marchands pour le cas que dessus.

Pour raison dequoy, Voulons tous lesdits marchands y être convenus et appellés et leurs différends jugez, nonobstant les fins d'incompétance et de renvoy qu'ils pourroient requerir en vertu de nos Lettres de Committimus, pardevant les gens tenant les Requêtes de notre Hôtel ou Requêtes de notre Palais à Paris, comme payeurs des Compagnies et autres nos Officiers qui font trafic de marchandises; les conservateurs des privilèges des Universitez, comme messagers et autres Officiers d'icelles qui sont marchands par le moyen des Privilèges qu'aucuns d'eux voudroient prétendre leur avoir été donnez au contraire par nos prédécesseurs, confirmez par Nous, et vérifiez en nos cours de Parlement, dont en tant qu'ils sont marchands Nous les avons dès à présent comme dès lors débouté, déboutons, et ausdits Privilèges pour ce regard dérogez et dérogeons par cesdites présentes.

Permettons ausdits juges sans y avoir aucun égard, passer outre nonobstant oppositions ou appellations d'incompétance, qui pourroient être interjettées en fraude, et sans préjudice d'icelle, demeurant lesdits Privilèges en autres choses en leur entier.

Déclarons non-recevables toutes appellations inter-jettées de sentences et jugemens donnés par lesdits juges entre marchands pour faits de marchandises, et pour sommes non excèdans la somme de cinq cens livres tournois, jusqu'à laquelle Nous leur avons permi juger. Et défendons à nos amez et féaux les Maîtres des requêtes de notre Hôtel, ou Gens des Sceaux de nos Chancelleries, et à nos Cours de Parlement, répondre aucune requête pour cet effet ni bailler commissions pour faire appeler les Parties. Comme aussi défendons à tous Procureurs occuper et soy charger desdites causes d'appel, ni de celles des Marchands qui voudroient pour fait de marchandise décliner la Jurisdiction desdits juges.

En cas de contravention, avons permis et permettons ausdits juges des Marchands procéder contre les Parties condamnées par multes et amendes pecuniaires, appli-cables moitié aux pauvres de ladite Ville, l'autre moitié pour l'entretien de la Place desdits Marchands, pourvû que lesdites amendes n'excedent la somme de dix livres tournois.

Et pour autant qu'au moyen desdites défenses faites par aucun de nos Juges, plusieurs de nos Sergens ont refusé et refusent faire les Exploits et ajournemens qui leur sont présentez à faire par lesdits marchands, les uns contre les autres pour fait de marchandise, assister aux Sièges desdits Juges pour le service de justice et exécuter leur commissions, Sentences et mandemens : Nous enlevant lesdites défenses comme faites contre nos vou-loir et intention, avons de rechef enjoint, et par exprez commendons à nosdits Sergens d'assister aux Sièges desdits Juges quand requis en seront, comme dit est, baillez à faire par lesdits marchands, pour les causes que dessus. Et ainsi mettre à exécution tous mandemens, commissions et Jugemens donnez par lesdits juges sans authorité, remise ou dilation, ni demander Placet, Visa ni Pareatis, à peine de privation de leurs Offices.

Et à cette fin défendons à tous nos Juges d'empêcher aucunnement lesdits Sergens en faisant et exécutant ce que dessus, à peine de répondre en leurs noms des dépens, dommages et interests des Parties, procédans desdits empêchemens.

Et pour ôter toute ocassion à nos Officiers de Marseille

de troubler à l'avenir lesdits Juges des Marchands en l'exercice de leur Jurisdiction : Nous avons déclaré et déclarons, voulons et Nous plaît, que la Jurisdiction desdits marchands ait lieu et effet entre tous marchands, négocians, tant par mer que par terre, et qu'ils puissent connoître et soient Juges de tous contrats, controverses et différens qui seront mûs entre marchands pour fait de marchandise venduë, achetée et débitée en notrédite Ville de Marseille seulement.

Si donnons en mandement à nos amez et sceaux les Gens tenans nôtre Cour de Parlement de Provence établie à Aix, Sénéchal de Provence et ses Lieutenans à Aix et Marseille, et à tous autres nos Officiers qu'il appartiendra, que les présentes nos Ordonnances ils fassent lire, publier et enregistrer, garder et observer chacun en son ressort et Jurisdiction, sans y contrevenir ni permettre qu'il y soit aucunement contrevenu en matière que ce soit.

Mandons et enjoignons à nôtre Procureur Général audit Parlement, et à nos Procureurs esdits Sièges, en requerir la vérification, sans permettre que lesdits Juges des marchands en nôtre dite Ville de Marseille, ni lesdits Sergens soient troublez ni empêchez en l'exécution du contenu en icelle sur les peines que dessus, nonobstant quelconques, Ordonnances, Edits, Mandemens, Défenses et Lettres à ce contraire, oppositions ou appellations quelconques et sans préjudice d'icelles, dont nous avons retenu et réservé la connoissance et Jugemens en notre Conseil privé.

Et pour ce que de ces présentes l'on pourra avoir affaire en plusieurs et divers Lieux, et est besoin que chacun Marchand entende le pouvoir par nous attribué ausdits Juges : Nous voulons qu'au Vidimus d'icelles, dûement collationné aux Originaux par l'un de nos amez et sceaux Notaires et Secrètaires, soy ajoutée comme au présent Original, et icelui puissent faire imprimer, sans pour ce prendre aucunes Lettres de Congé et permission ; car tel est notre plaisir : Et afin de perpétuelle et stable mémoire, Nous avons fait aposer nôtre seel ès Présentes. Donné à Chateau-Briant au mois d'Octobre, l'an de grace mil cinq cens soixante cinq ; et de nôtre Regne le cinquième.

Signé au-dessous VISA. Par le Roy Comte de Provence, étant en son Conseil. ROBERTET. Et scellées lesdites Lettres avec le grand Scel Royal à Cire verre pendant, avec de soye verte et rouge.

On ne peut analyser chacune des dispositions de cette longue ordonnance d'autant plus qu'il en est qui sont sans intérêt direct avec notre sujet, mais il en est une qui a joué un trop grand rôle dans la vie consulaire pour que je ne m'y arrête pas un peu longuement. Je veux parler de la contrainte par corps pour dette.

Aujourd'hui, le droit de faire mettre son débiteur en prison nous paraît exhorbitant, non que des cœurs très généreux ne prissent encore un réel plaisir à le faire, la colère du créancier volé sera toujours chose légitime, mais parce que notre imagination a peine à concevoir des prisons assez vastes pour contenir tous les défaillants. En ces temps de la fin du moyen âge la chose, au contraire, paraissait toute naturelle ; mais, si naturelle qu'elle fût, elle n'en avait pas moins une lamentable conséquence pour le débiteur.

En effet, le détenu pour dette n'était pas encore à la charge de son créancier comme il le devint plus tard. Il est bien dit, il est vrai, dans un très ancien statut de Marseille, confirmé par le Conseil général de la commune, le 3 des calendes de février 1279, que le créancier faisant emprisonner son débiteur sera tenu de lui fournir un denier par jour pour le pain et l'eau (1), mais je n'ai trouvé trace nulle part de l'exécution de cette obligation. La seule que le créancier exécutât ponctuellement et avec un malin plaisir était le paiement du bonnet vert qu'il forçait son débiteur de coiffer lorsqu'il sortait dans la rue.

(1) Augustin Fabre (Hôpitaux de Marseille).

On comprend, dès lors, la situation cruelle de l'insolvable qui, après avoir fait flèche de tout bois pour éviter la geôle, en arrivait pourtant à cette fâcheuse extrémité et qui là, dans l'impossibilité de pouvoir compter sur les siens qu'il avait préalablement voué à la misère, privé de tous ses moyens, réduit à l'impuissance et presque à l'immobilité, était obligé de pourvoir à tous ses besoins en dehors de ce que l'on appelait *le pain du Roi* aussi mauvais que parcimonieusement distribué, dit Augustin Fabre, ce qui signifie, en bon Français, qu'il était tout juste suffisant pour l'empêcher de mourir de faim.

Les chaussons de lisières n'étaient pas encore connus en ce temps-là et le détenu n'avait d'autre moyen de remonter son pécule et partant son ordinaire que de s'adresser à la charité des passants. La chose paraît problématique. A cet effet pourtant, dit M. Estrangin, dans sa charmante étude sur les Procureurs, les prisonniers dont le cachot donnait sur la rue de la prison, faisaient descendre, au moyen d'une corde, un petit panier qu'ils retiraient ensuite lorsqu'une âme charitable y avait déposé son aumône. Mais, comme bien l'on pense, cette pêche, la supposa-t-on même un jour miraculeuse, ne mettait pas le prisonnier à l'abri du souci du lendemain et encore moins à même de désintéresser son créancier.

Bien plus, confondu avec les prisonniers de droit commun au point de vue moral comme au point de vue physique, la prison était pour lui un véritable enfer.

Les humanitaires, qui s'occupent beaucoup plus à notre époque des bandits qui sont en prison que des honnêtes gens qui souffrent tant de maux en dehors, n'avaient pas encore réussi à faire de celles-ci des lieux de plaisance et de santé.

Le duc de Montpensier, qui fut détenu dans la

prison du Palais, en 1793, en donne la description
suivante, et il y a lieu de noter que cette prison était
presque neuve puisqu'elle avait été réédifiée en 1754 :

« Nous entrâmes dans un petit passage qui donnait
« sur une cour très sombre... Au bout du passage
« était un trou noir d'environ 8 pieds carrés d'une
« saleté et d'une puanteur insupportables et qui ne
« recevait de la lumière que par un petit soupirail
« grillé, de sorte qu'il y régnait une obscurité totale,
« quoiqu'il faisait encore assez clair dehors... Le
« geôlier me dit : la loi ne vous paye pas de chan-
« delles mais les prisonniers qui ont de l'argent peu-
« vent s'en procurer... Quand il m'eut apporté de la
« lumière, je visitai mon trou pour me reposer, mais
« il y avait une telle humidité et une telle puanteur
« que cela me fut impossible. »

En un mot la misère et l'infortune du prisonnier
de cette époque était telle qu'elle devait toucher bien
des cœurs généreux.

Leur premier bienfaiteur fut Julien de Casaulx,
riche armateur, qui, par son testament du 31 janvier 1594, fait en faveur de l'Hôpital du Saint-Esprit,
chargea *ad perpetuum* les recteurs de ce dernier du
donner tous les vendredis aux *pauvres* prisonniers
du pain, du vin, une écuelle de potage de fèves et du
poisson.

Une grande contestation s'éleva plus tard et rien
n'est amusant comme d'en lire le récit dans Aug.
Fabre au sujet de la fourniture de ce poisson qui
fut fixé à deux sardines par détenus et sur ce qu'il
fallait entendre par ce mot de *pauvres* figurant dans
le testament du donateur. La Ville soutenait que
pauvres était un qualificatif synonyme de malheureux
comprenant indifféremment tous les prisonniers.
Les recteurs de l'Hôpital, dans leur parcimonie, sou-

VUE DE L'HOTEL DE VILLE DE MARSEILLE (d'après une peinture anonyme du XVII° siècle).

x

VUE DE L'HOTEL DE VILLE DE MARSEILLE (d'après une peinture anonyme du XVII° siècle).

Collection Rousset-Bonard. — Cliché E. Villard.

tenaient au contraire que n'entreraient dans cette catégorie que les prisonniers dénués, soit par eux, soit du côté de leur proches, de toutes ressources, et le Parlement qui était intervenu pour les sardines fixa encore la valeur et le sens du qualificatif en l'étendant à tous les prisonniers.

Postérieurement les dames Isabeau de Félix et de Cabre, veuves toutes deux de Juges Consuls, placèrent un capital de 600 livres sur la communauté de Marseille à charge pour celle-ci d'en consacrer annuellement les intérêts à l'élargissement des détenus les plus intéressants.

Plusieurs confréries imitèrent cet exemple, une entre autres les Pénitents de Jésus, autrement dit les Bourras avaient un tronc dans leur chapelle dans le but de délivrer tous les ans un prisonnier pour dette (Ruffi H. de Marseille, 2e édition, page 86).

Comment s'opérait le choix de la Ville et des Pénitents de Jésus parmi tous ces prisonniers candidats à la délivrance? A quelles influences obéissaient-ils? Les intrigues des créanciers s'y donnaient-elles cours? Y étaient-ils eux-mêmes appelés et profitaient-ils de cette générosité selon l'abaissement de leur prétention? A mon grand chagrin, je n'ai pu réussir à rien trouver mais je suppose que ce fut l'œuvre des prisons, sur laquelle je reviendrai, dans la troisième partie de cet ouvrage, à propos de l'abolition de la contrainte par corps (loi de 1867) qui fut la dispensatrice de cette faveur et que la Ville comme les pénitents s'en remirent à ses soins.

Mais nous n'avons pas épuisé l'ordonnance de Chateaubriand et il nous y faut revenir relativement à la place des Marchands autrement dit la Bourse, qu'elle institua, car ce fut aussi le lieu assigné aux juges marchands pour tenir leur cour. La Bourse et le Tribunal Consulaire se tinrent primitivement à l'Hôtel de Ville. Les Juges Marchands y avaient une grande salle qui avait été affectée à leur Prétoire depuis sa création. Cette salle fut l'objet, le 28 avril 1573, d'une dispute violente entre les deux Juges du Commerce Riquety, Jean, sieur de Mirabeau et son collègue Pierre Bernier d'un côté et les deux consuls en charge : Loys de Vento et Pierre Beausset de l'autre. En voici le motif.

Depuis longtemps les consuls de la Ville convoitaient la salle des Juges Marchands, la plus grande, la plus commode de l'Hôtel de Ville. Il y faisait chaud en hiver et frais en été et les ouvertures donnant sur la placette de la Loge y faisaient pénétrer le gai soleil qui chauffe si bien encore de nos jours, ce que nous appelons la cheminée du roi René. Les Consuls s'en étaient ouverts plusieurs fois aux Juges Marchands qui avaient fait la sourde oreille à leurs propositions les plus accommodantes. Ne pouvant l'obtenir de bonne grâce, ils résolurent de l'avoir par force ; ils la firent donc fermer et en emportèrent les clefs.

Lorsque Jehan Riquetty et son collègue Bernier vinrent pour tenir leur audience et qu'ils trouvèrent leur prétoire fermé, leur colère ne connut plus de bornes. Prenant à témoin les plaideurs attendant là l'ouverture des portes, ils dressèrent sur le champ une protestation sommant les Consuls d'avoir à *leur faire ouvrir la grand'salle, lequel lieu disaient-ils leur estant concédé de tous temps par le conseil ne peut être ni osté ni changé* et les menaçants, *fante de ce faire, de tous dommages et intérêts que les dits juges et parties pourront souffrir de ce que la justice ne soye pas administrée aux plaidants* (1).

(1) 1573. — *18 août.* — A vous Messieurs les Consuls de la présente Cité de Marseille Disant Jehan Riquety, sieur de Mirabeau et Pierre Bernier, juges du Commerce de ceste année

Il s'agissait de signifier cette protestation aux Consuls de la Ville qui, en entendant le tumulte, s'étaient esquivés.

Jean Descalis, notaire royal, en est chargé et le voilà à la recherche des consuls à travers la ville. Il finit par trouver François Beausset dans la boutique de Jehan Honoré Sycolle et sortant sa protestation de sa poche il la lui lit mot à mot et tout chaud:

L'an mil cinq cens septante trois et le vingt-huictième avril la dite sommation protestation et tout le contenu en ycelle a esté lu de mots à mots, par moy notaire royal à Marseille soubsigné, à noble Luys Vento, François Beausset escuier et Jehan Charles Borgeois, consuls de la dite ville et cité de Marseille, parlant à la propre personne dudict Beausset treuvé en la boutique de Mᵉ Jehan Honoré Sycolle, notaire royal dudict Marseille, lequel a requis coppie pour y fere response que luy a esté octroyé faict et passé au dict Marseille et dans la boutique des escriptures du dict M. Sycolle en présence du dict M. Sycolle, notaire, et Claude Chanvrier, appotiquaire et noble Balthezard Villain, escuier du dict Marseille, témoings à ce requis et appelles de moy Jehan Descalis, notaire royal au dict Marseille, soubsigné Descalis.

que au commepcement de la dite judicature ils ont été mis à la grande salle de la maison de la Ville la iceulx juges et tous leurs prédécesseurs ont a coustume faire prendre la justice à tous plaideurs au dict commerce et lequel lieu estant concédé par le conseil ne peult ou ne doilt estre obsté ny changé. Vous sommant de leur vouloir faire ouvrir à ceulx quand ils vouldront administrer la justice au dict commerce, et à faulte de ce faire proteste contre de Vous de tous despens, dommasges et intérêts que les dicts juges et parties pourront souffrir et faulte de la justice que non soye administrée aux plaidants ainsi qu'est de coustume requérant de leur dire acte à vous notaire, Jehan Riquety, juge de Commerce; Pierre Bernier, lunyde juge de Commerce.

Les Consuls : Loys de Vento et François Beausset intimidés d'abord à cette violente apostrophe dans le ton de celles que fera plus tard le tribun de la Révolution française, ne restent pas inactifs et répondent le même jour à la susdite sommation, disant : *que quant à la grande salle de la Maison Commune elle est dédicte et affectée pour l'usaige et commodité des Consuls de la dicte Ville, tant pour y tenir le Conseil général que particulier* (1).

Tout de même ils craignent un tantinet les dommages dont on les menace. Aussi s'empressent-ils d'offrir *la salle basse de la loge bien fort commode et spacieuse, afin que les juges du commerce ne s'excusent pas de tenir court faute de lieu.*

Je crois que Jean de Riquety de Mirabeau et son collègue entendirent raison, car ce fut cette

(1) « Les dicts an et jour que debsus les dicts sieurs Consuls
« Vento et Beausset répondent à la susdite sommation disant
« et déclarant que quant à la grande salle de la Maison Com-
« mune de la dicte ville est déduict et affectée pour l'usaige et
« commodité des Conseil de la dicte ville tant pour y tenir le
« conseil général que particulier que rédiction des comptes et
« s'autres affaires que surbviennent tous les jours et servent la
« dicte ville et quant à ce qu'ils advancent que la dicte salle
« leur a esté donnée (ne) par le conseil général ne assemblée
« particulière la dicte salle leur soit jamais esté indiquée et
« quant à la réquisition de leur donner lieu ils disent que par
« le contrat faict avec Henric Serres, greffier, leur a esté donné
« et octroyé lieu pour tenir court come apert par les actes sur ce
« faict et que dabondaut voullant gratiffier les sieurs juges leur
« ont promis de tenir leur court par provession et jusques à
« ce que aultrement ils ayent trouver d'aultre lieu la salle
« basse de la loge, lieu fort commode et spacieux et ce affin
« qu'ils ne s'excusent de tenir court à faute de lieu ; protestant
« de tous dommages et intérêts que les dicts plaidants pourront
« souffrir à faulte de justice que ne leur soye administrée ainsi
« qu'est d'ancienne coustume requérant la présente réponse
« estre insérée en la dite sommation.
« Loys de Vento, consul ainsi signé. »
Collationé sur son propre original par moi soubsigné Descalis.

salle basse de la loge qui servit de prétoire aux marchands jusqu'au 8° novembre 1771 où les affaires
devenant de plus en plus considérables, ils s'établi-
rent à la rue Saint-Jaume, n° 6, à la maison
Reboul (1).

Le Tribunal Consulaire y tint ses audiences
jusqu'au 2 octobre 1860, date de son installation
dans le local actuel. Je reviendrai plus loin à ce
propos sur les plans que j'ai trouvés à l'Hôtel de
Ville pour la contruction projetée du Tribunal
Consulaire, sur la fin de l'ancien régime.

Il est à remarquer enfin que les Juges Consuls
comme le tribunal ont toujours suivi les marchands
aux lieux de leur réunion ; à l'Hôtel de Ville et à la
rue Saint-Jaume tant que ces derniers se sont tenus
à la loge, et à la Bourse dès qu'ils s'y sont installés
et établis.

Il est temps de revenir à la vieille querelle des
Juges Consuls et de l'Amirauté qui n'était pas éteinte
et couvait sourdement. Elle allait se réveiller tout
d'un coup plus violente que jamais et amener le
triomphe final de l'Amirauté sur nos pères depuis
Louis XIV jusqu'à la Révolution.

Déjà au lendemain de l'Edit de Chateaubriand les
officiers de l'Amirauté avaient essayé de gagner du
temps et d'amener à leur cause la suprême cour du
Parlement. Ils y avaient réussi en ce sens que la
souveraine Cour avait refusé d'enregistrer l'Edit se
basant sur ce qu'il n'avait pas été publié et refusant
elle-même de le faire.

(1) Cette maison existe encore et porte actuellement le n° 3.
Elle a encore grand air avec sa porte ancienne et sa belle
rampe en fer forgé ; mais la rue Saint-Jaume, qui allait autrefois de la rue Coutellerie à la Grand'Rue, est devenue elle un
véritable cul-de-sac depuis le percement de la rue de la
République.

Nos pères qui, sans être profonds latinistes, connaissaient l'adage : « nihil actum credens si quid superesset agendum » n'eurent pas de repos qu'ils n'eussent obtenu de Charles IX des lettres de Jussion qu'ils firent immédiatement signifier au Parlement non sans y joindre l'extrait des registres de la sénéchaussée de Marseille relatant la publication faite à son de trompe de l'Edit confirmant la Juridiction des Marchands.

Et comme à ces ordres répétés la suprême Cour du Parlement, toujours sur les instigations de l'Amirauté, se permit quelques remontrances restrictives de la légitimité du dit Edit Charles IX n'entendit pas de cette oreille et le 21 Septembre 1566 lui signifia de Gaillon d'avoir à passer outre.

Ce fut la fin du premier acte, la dernière passe du premier assaut. Le 18 novembre 1566, l'Edit fut enregistré tel que nous le donnons ci-dessous.

Extrait des registres du Parlement.

Après que l'Edit de la confirmation de la Jurisdiction des Juges des Marchands en la Ville de Marseille, donné à Château-Briand au mois d'octobre 1565, a été là et publié présent de Procureur Général du Roy, la Cour a ordonné et ordonne, que sur lesdites Lettres sera mis, luës, publiées et enregistrées, oüy et requérant le Procureur Général du Roy Fait à Aix en Parlement le 18 novembre 1566 au-dessous collationné, est faite. Signé FABRY. Et au-dessous de l'Edit, oüy et requérant le Procureur Général du Roy le 18 jour du mois de novembre 1566. Signé FABRY.

Un long silence avait succédé à cette agitation. Un incident des plus futiles suffit à le rompre et allait servir de prétexte à la reprise des hostilités.

Nous empruntons cette partie de notre narration à notre excellent député et ami, M. Thierry, qui a bien voulu nous faire profiter de ses recherches.

« En 1568, un marchand nommé Antoine Simon « réclamait à un sieur Surian le prix d'un charge- « ment de blés. Il obtint des Juges Consuls une « sentence favorable à ses prétentions.

« Quelques jours après, il fit à Surian un comman- « dement suivi d'un exploit d'emprisonnement. « Grâce à cette circonstance que le blé était arrivé « par mer, Surian du fond de sa prison parvint à « porter le débat devant le lieutenant de l'Amirauté. « Celui-ci cassa la sentence des Consuls, condamna « Simon à des dommages-intérêts et ordonna que le « même exploit d'emprisonnement qui avait servi à « incarcérer Surian s'appliquerait à Simon.

« Emprisonné à son tour, ce dernier se pourvut « devant le Conseil du Roi et fut soutenu par une « intervention énergique des Consuls. En 1662, un « arrêt du Conseil donna raison à Simon et Surian « resta seul en prison. »

Sur ce désaveu de son autorité, l'Amirauté lia partie pour la défense commune avec tous les autres tribunaux de l'Amirauté. Simultanément, de Mar- seille, de Bordeaux, de la Rochelle, partent pour le Conseil du Roi des requêtes, des mémoires, des dia- tribes violents sur ce que l'Amirauté appelle les attentats des Juges Consuls.

Devant cette coalition menaçante, le Conseil de Ville décide de procéder à une consultation générale et à une remise au Conseil du Roi de toutes les pièces et titres favorables à la juridiction commerciale et, le 2 août 1664, Bellevod et Collomb, juges de com- merce à Marseille, font sommation au sieur de

Ricard, lieutenant de l'Amirauté à Toulon, d'avoir à produire ses moyens.

Le sieur Ricard répondit que pour éviter la contrariété des arrêts, tous les officiers de l'Amirauté confondraient leurs explications en un seul procès.

Mis en demeure de prendre parti dans cette querelle deux fois séculaire, Louis XIV décida, le 28 juin 1673, que les contestations relatives aux affrétements, connaissements et marchandises maritimes semblaient devoir être restituées à l'Amirauté, parce qu'il n'y a pas de Consuls dans toutes les villes et que la célérité n'est pas une garantie suffisante pour remplacer les connaissances maritimes; mais il ordonna qu'auparavant l'Amirauté remettrait entre les mains de Colbert, dans le délai d'un mois, les Edits et Ordonnances sur lesquels elle s'appuyait.

Cette décision interlocutoire ne découragea pas les Juges Consuls, ils redoublèrent d'efforts et remontrèrent au Roi que plus de 183 jugements avaient été rendus par eux sur lettre de change, avaries, naufrages et assurances à la commune satisfaction des parties. Enfin, quoiqu'ils n'y fussent pas conviés, ils remirent à Colbert tous les édits qui leur étaient favorables en les accompagnant d'un long mémoire. Il y est dit que les Juges Consuls de Paris jugeant les affaires du Commerce des Indes, ceux de Marseille pouvaient à plus forte raison statuer sur les affaires du Levant; que leur compétence remontait aussi loin que leur origine et qu'à la page 192, le livre du Consulat portait déjà diverses règles pour le Commerce de la mer; que si les officiers de l'Amirauté s'attachaient si fort à soutenir leur entreprise, c'est qu'ils en espéraient de déraisonnables profits et que cela seul devait leur ôter la connaissance de ces procès, alors même qu'ils en auraient quelque droit; que, du reste, si l'on pouvait appliquer à l'Amirauté

LE PORT ET L'AMIRAUTÉ DE MARSEILLE AU XVIIIᵉ SIÈCLE (d'après Jh. Vernet)

Cliché L. Villard

les avantages à elles concédés par les Ordonnances de 1480, 1517 et 1543, ces ordonnances ne pouvaient avoir aucun effet dans la Provence, léguée à la France sous condition expresse de respecter ses droits et ses coutumes.

Cette dernière considération, si juste et si courageuse qu'elle fût, était tout au moins imprudente pour ne pas dire maladroite en ce moment.

On était, en effet, au lendemain de la révolte des Marseillais sous la conduite de Glandevès Niozelles, ancien juge des Marchands ; au lendemain de l'entrée de Louis XIV à Marseille par la brèche de la porte royale et tout ce qui, à ce moment, était un rappel aux anciennes libertés que l'on venait de proscrire était, on le comprend, fort mal reçu. Aussi tous ces efforts furent-ils vains. Le 13 août 1679, par un arrêt du Conseil du roi, les officiers de l'Amirauté furent définitivement maintenus dans le droit de juger ce qui concernait les grosses assurances promesses touchant le commerce de mer, le fret et le naulage des vaisseaux et ce à l'exclusion de nos pères, les Juges Consuls, qui s'en virent ainsi définitivement privés.

Nos pères se soumirent avec la conscience d'avoir fait tout ce qu'il était humainement possible de faire pour conserver leur droit, car c'est donner une trop faible idée de leur ténacité en disant que leurs arguments développés sous mille formes diverses nécessitèrent l'emploi de 78 feuilles doubles de papier à 12 deniers.

Leur domaine et celui de l'Amirauté fut dès lors bien tranché et, sauf quelques légères contestations qui s'élevèrent encore à ce sujet vers l'époque de la grande peste de Marseille et qui donnèrent lieu à un rappel de l'ordre de Louis XV, en 1729, sur la plainte

du grand amiral, Comte de Toulouse (1), rien ne
vint plus troubler les bons rapports des Juges de la
mer et des Juges Marchands. Mais, si ces derniers,
respectant loyalement l'arrêt de 1679, s'inclinèrent
devant lui, ils ne perdirent jamais le souvenir de ce
qui avait été le domaine de leur famille. Cent dix ans
après, presque jour par jour, leurs revendications
allaient se produire plus vivaces que jamais et la
chute de l'Amirauté, leur ennemi héréditaire, som-
brant avec tant d'autres institutions dans la tourmente révolutionnaire, allait amener pour toujours
leur définitif triomphe.

Nous, les fils, les descendants de ces Consuls
tenaces et combatifs, nous qui, accoutumés à la
plénitude de notre compétence, ne demandons souvent pas mieux dans notre indolence de nous la
voir contester et même ravir, nous avons peine à
comprendre aujourd'hui et ces luttes et ces combats;
en possession incontestée de l'héritage, nous igno-
rons la grandeur de l'effort déployé pour l'acquérir.
Et pourtant cet effort fut méritoire, car le règne des
Marchands était loin d'être arrivé comme de nos
jours; mais les calculs de nos pères moins égoïstes
que ce qu'ils le sont peut-être devenus depuis, se
tournaient, dans leur sollicitude, vers ces généra-
tions futures pour leur assurer ce patrimoine dont
nous jouissons, et qui devait être le gage de leur
parfaite indépendance.

Cette indépendance, ils allaient du reste la poursuivre sur un autre terrain où le succès vint, du
moins, couronner leurs persévérants efforts.

Leur principal adversaire fut, ici, la sénéchaussée
et l'action eut pour théâtre les biens du failli.

Si étrange que nous paraisse la chose aujourd'hui,

(1) Archives de la Chambre de Commerce. (Dossier des Juges
Consulaires).

l'ancien droit français, jusqu'au XVIIᵉ siècle, ne considéra dans le failli qu'un criminel qu'il fallait punir des peines les plus sévères sans s'intéresser le moins du monde au sort des créanciers. On les laissait se débattre entre eux et à leur guise pour le partage des biens du débiteur. Ce fut l'ordonnance de 1673 qui mit un peu d'ordre dans ce chaos en conviant les créanciers à se réunir et à se partager les biens du failli par le ministère de l'un d'eux. Mais dans l'inventaire de l'actif et du passif se trouvait souvent un droit qu'il était difficile à des particuliers de faire valoir et qui donnait lieu à de perpétuelles contestations : je veux parler du droit de suite. Ce droit dont l'écho bien affaibli aujourd'hui est parvenu cependant jusqu'à notre Code de Commerce, était autrefois d'une bien plus grande portée. Il autorisait le vendeur d'effets mobiliers à revendiquer, une année durant, en cas de déconfiture de son acheteur, non seulement les objets vendus ou donnés en gage et nantissement, mais encore les fruits de ces objets mobiliers, même passés en de tierces mains.

Les choses en arrivèrent au point que devant l'impossibilité absolue de mettre d'accord toutes les prétentions le premier Echevin de la Cité, Remuzat, fit convoquer à la Chambre de Commerce les juges consuls anciens, et ceux encore en charge ainsi que les principaux négociants et là, après l'exposé fait par ce magistrat du trouble apporté dans toutes les transactions par ce droit de suite, il fut décidé de couper chemin à son extension indéfinie et de limiter son exercice à la marchandise encore existante en nature dans les mains de l'acheteur et non encore payée au moment de l'ouverture de ce droit (1).

(1) Extrait des registres de la Chambre de Commerce de Marseille, Délibération du 11 août 1730.

Cette délibération fut homologuée par le Parlement sur l'ordre du roi Louis XV le 26 août 1730.

Extrait des registres de la Chambre de Commerce de Marseille. — Délibération du onzième Aoust mil sept cens trente.

Ce jour, la Chambre de Commerce s'étant extraordinairement assemblée, Messieurs les Juges Consuls y convoquez avec des anciens Juges Consuls, et notables Négocians.

Monsieur Remuzat premier Echevin, a dit, que l'abus qui s'est introduit dans l'exercice du Droit de suite des marchandises venduës, par l'extension excessive que l'on y donne, produit des Effets très-pernicieux au commerce : Qu'il est à observer, que par le chapitre VII du livre III, des Statuts municipaux de cette Ville, il est seulement porté, que si celui qui a vendu des Effets mobiliers, n'en a pas été entièrement payé du prix, et que l'acheteur vienne à tomber en déconfiture, ce vendeur pourra vendiquer lesdits Effets mobiliers, quoique la forme en ait été changée, s'ils se trouvent encore entre les mains de cet acheteur, ou de ceux à qui il les ait remis pour les garder, ou pour les revendre ; et même s'ils se trouvent entre les mains d'un Tiers à qui cet Acheteur les ait donnez en gage et nantissement, ou à qui il les ait revendus, pourvu que ce ne soit pas depuis plus d'une année. Que bien que semblables Statuts soient de Droit étroit, et que celui-là doive d'autant plus être retraint, qu'il est contraire à la disposition du Droit Romain, par lequel cette Province est Régie ; cependant par un abus qui s'est introduit depuis quelque tems, on lui donne une si exorbitante extension, que l'on accorde le Droit de suite au vendeur, non-seulement sur les marchandises par lui venduës, qui lors de la faillite de l'acheteur se trouvent extantes entre ses mains, ou en celles de ses commissionnaires ; mais même que lors qu'elles n'y sont plus extantes, et qu'elles ont été venduës, on le lui accorde sur leur produit, et sur les retraits en provenans, quoique ce Statut ne parle ni de l'un ni de l'autre, et qu'il repugne à la nature de ce Droit, de l'exercer ainsi par subrogation d'une chose à l'autre. Que l'on accorde de plus ce Droit de suite, non-seulement lors que les marchandises sont trouvées extantes entre les mains d'un fécond Acheteur qui n'en a point encore payé le prix au premier ; mais même lors, qu'il l'a payé, quoique ce Statut ne l'exprime point, comme il faudrait qu'il le fît en termes exprez pour pouvoir l'étendre à ce cas. Et que l'on l'étend enfin jusqu'à un troisième et quatrième Acheteur qui ont pareillement payé, et ainsi presque à l'infini, quoique ce statut n'en dise rien que de cette excessive extension que l'on donne ainsi abusivement à ce Droit de suite, il s'en ensuit, comme l'expérience le montre, que les Négocians de cette Place, sont induits à vendre leurs marchandises à long terme, sans faire attention à la solvabilité des acheteurs, en comptant qu'en cas de faillite, ils parviendront toujours à être payez au préjudice de tous les autres créanciers, par moyen de l'excez que l'on donne à ce Droit de suite ; que cette facilité des vendeurs, pour plusieurs insolvables à entreprendre des négoces beaucoup au-delà de leurs forces, d'où il advient qu'au grand préjudice du Public, ils font ensuite des faillites et banqueroutes considérables ; lors desquelles il arrive que tous ceux qui ont acheté d'eux sont inquietez, par des Droits de suite, quoiqu'ils ayent payé ; ce qui fait que les Négocians sont toujours dans la crainte, et ne peuvent presque point trouver de seureté en l'achat des marchandises ; et qu'enfin dans toutes les faillites qui arrivent, ces Droits de suite produisent toujours des procez infinis, empêchent tous accommodemens, mettent tout en désordre, et font souffrir tous les créanciers. Que comme il est d'une extrême nécessité pour le bien du Commerce de cette Place ; et pour obvier à des inconveniens si pernicieux, de réduire ce Droit de suite, et d'empêcher qu'on ne continue dans l'abus d'y donner toutes ces extensions, il a déjà été fait à ce sujet plusieurs conférences particulières, même avec des Anciens Avocats, et que tout ayant été bien discuté, il s'agit à présent d'y deliberer.

Surquoy la matière murement examinée, et mise en délibération, la Chambre a unanimement délibéré et arrêté, qu'à l'avenir, le droit de suite de Vendication ou Réclamation des Marchandises vendües, n'aura lieu et ne

pourra être exercé par le Vendeu non entièrement
payé du prix, que sur celles qui seront trouvées en
nature, et extantes entre les mains de l'Acheteur, ou en
celles de ses Commissionnaires, soit en Levant ou autres
endroits, en cas pourtant que lesdits Commissionnaires
n'y ayent pas fait des avances dessus qui en absorbent
toute la valeur, ou bien entre les mains d'un second
Acheteur qui n'en aura point encore payé le prix au
premier, soit en argent comptant, ou en Lettres de change
et Billets à ordre, mais que ledit Droit de suite n'aura
point lieu, et ne pourra point être exercé sur les Marchandises qui seront trouvées en nature et extantes
entres les mains des Commissionnaires du premier
Acheteur qui y auront fait des avances dessus qui en
absorbent qui consomment toute la valeur, ou entre les
mains d'un second Acheteur qui les aura achetées de
bonne foy par vente publique, faite par le ministère de
Courtiers, et qu'il en aura payé le prix au premier
Acheteur, soit en argent comptant, ou en Lettres de
change et Billets à ordre, excepté, au seul cas, que le
vendeur Reclamataire ait vendu ces Marchandises au
premier Acheteur, pour en être payé comptant sans jour
et sans terme, et que le dit premier Acheteur en ait fait
la revente au second avant l'expiration de trois jours,
auquel cas seulement, le Vendeur Réclamataire pourra
exercer le Droit de suite sur lesdites Marchandises
extantes et en nature entre les mains du second Acheteur ou de ses Commissionnaires, nonobstant qu'il en
ait payé le prix au premier, afin d'obvier aux fraudes, et
au surplus, que là où les marchandises venduës, ne
seront point trouvées en nature, et extantes entre les
mains du premier Acheteur, ou de ses Commissionnaires, ni en celles d'un second Acheteur qui n'en aura
point encore payé le prix au premier, ni argent comptant
ni en Lettres de change et Billets à ordre, le Droit de
suite n'aura point lieu, et ne pourra point être exercé
par subrogation sur le prix, ni sur le produit, et
retraits en provenans, sous quelque cause et pretexte
que ce puisse être. Et afin que personne n'en puisse prétendre cause d'ignorance, la présente délibération sera lûe
et publiée en l'Audience de la Jurisdiction consulaire, enregistrée au Greffe d'icelle, et affichée en Placard imprimé

dans la salle de la Loge, et partout ailleurs, où besoin
sera. Délibéré à Marseille en la Chambre du Commerce,
l'an et jour susdit, par Nous soussignez, les Echevins
Protecteurs et Défenseurs des Privilèges Franchises et
Libertez de cette Ville, les Députez et Conseillers de
la dite Chambre, et les Juges Consuls, soussignez Remu-
zat, Roman, Saint-Jacques et David, Echevins, Saint-
Michel, Mille, Roux et Seguin, Députez, Pastour, Rochefort,
Pourrière, Antoine Reynaud, Joseph, F. Martin. Nouvel,
L.-M. Marion, et Charbonnier, Conseillers de ladite
Chambre, Guieu, Catelin et Cordier, Juges Consuls à
l'Original.

Collationné par Nous Secrétaire-Archivaire de la dite
Chambre, Isnard.

Extraits des Registres du Parlement de Provence

Louis, par la grâce de Dieu, Roy de France et de
Navarre, comte de Provence, Forcalquier et terres adjacentes; à tous ceux qui ces présentes lettres verront ;
salut. Sur la requête présentée à nos Amez et Feaux
Conseillers, les gens tenans nôtre Cour de Parlement
audit Pays de Provence, tenant la Chambre ordonnée
durant les Vacations par les sieurs Echevins, les sieurs
Députez de la Chambre du Commerce, et les sieurs
Juges-Consuls de la ville de Marseille ; contenant, qu'ils
ont dressez entr'eux une Délibération qui tend à faire
cesser les abus qui se sont introduits dans l'exercice du
Droit de suites des marchandises venduës, par l'extension excessive que l'on y donne, ce qui produit des effets
pernicieux au Commerce pour les raisons énoncées à
ladite Délibération ; Et comme les Supplians pour l'intérêt du bien public, ont intérêt de faire homologuer
ladite Délibération ; et à ces fins, qu'elle sera registrée
riere le greffe de la cour, pour être exécutée selon sa
forme et teneur. Vû l'Extrait de ladite Délibération du
onzième du courant, signée Isnard ; la Requête dont est
question, signée Demours, avec le Decret de soit montré
à nôtre Procureur Général du vingt-troisième du courant;
ses conclusions dudit jour, et la recharge de ladite
Requête du jourd'hui ; OUY le Raport de nôtre Amé et

Feal, conseillers en nôtre dite Cour, Me Augustin de Charleval, tout considéré ; SÇAVOIR FAISONS, que nôtre dite Chambre par son Arrêt du jour et datte des Presentes, a autorisé et homologué la Délibération dont est question ; ordonne à ces fins, qu'elle sera registrée rière le Greffe de nôtre dite Cour, pour être exécutée selon la forme et teneur. POUR CE EST-IL, que Nous suivant ledit Arrêt, et à la requête des sieurs Echevins, les sieurs Députez, et les Juges-Consuls de la ville de Marseille. Mandons au premier des huissiers de nôtre Cour de Parlement de Provence, ou autre Officier sur ce requis, mettre ledit Arrêt et Délibération à dûe et entière exécution, selon leur forme et teneur ; et faire pour l'entiere exécution du contenu au présent Arrêt et Délibération, tous Exploits de Justice requis et nécessaire, nonobstant oppositions, ou appellations quelconques, et sans préjudice d'icelle pour lesquelles ne voulons être différé ; & ce faire, te donnons pouvoir. Données à Aix en nôtre dit Parlement, tenant la Chambre des Vacations, le vingt-sixième Aoust, l'An de grace 1730. Et de nôtre Regne le quinzième. *Signé par la Chambre,* HERAUD. Et Scellé.

Mais même ainsi limité, ce droit de suite était une cause de conflits incessants entre les créanciers au sujet du choix du Tribunal compétent ; les uns s'adressant aux juges consuls, les autres aux juges de droit commun. Depuis l'ordonnance de 1673, le Tribunal Consulaire avait tout fait pour se faire donner la connaissance générale des faillites et par conséquent tout ce qui s'y rattachait.

Ce ne fut qu'en 1715 qu'une déclaration royale la lui attribua, mais tout à fait à titre provisoire et la limitant aux faillites déjà ouvertes depuis le 1er avril de la dite année et à celles à ouvrir jusqu'au 1er janvier 1716. Cette déclaration fut renouvelée jusqu'en 1719 annuellement. La peste de 1720 l'interrompit, mais elle reprit avec l'année 1721 comme récompense et en satisfaction, dit la déclaration, de la belle conduite de MM. les Juges des Marchands durant le terrible fléau. (Le local consulaire ayant été affecté aux pestiférés par les Echevins, les Juges Consuls alors en fonction, Seren et Simon, avaient loué de leurs deniers la maison Dardennes près de l'Hôtel de Ville pour y tenir audience).

ORDONNANCE de Messieurs les Juges et Consuls.

Du 14 août 1721. Sçavoir faisons, Nous Jean-Jacques Seren et François Simon, Négocians et Juges-Consuls de cette Ville de Marseille, que la contagion dont cette dite Ville a été affligée ayant arrêté le Cours de la Justice et l'Exercice de nos Fonctions depuis le second août de l'année dernière, Nous avons crû devoir les suspendre jusques à ce que la santé des Habitans, qui depuis un certain tems a été de mieux en mieux, se fût assés affermis pour faire oublier les malheurs passés, et permettre de pourvoir aux difficultés sans nombre que l'interruption causée par la maladie, ou la variation qu'il y a eu depuis lors dans le Royaume sur la forme et sur l'ordre des Payemens, a produit dans les causes de nôtre Ressort : Mais Monseigneur le Chancellier, également instruit de l'état de la santé de la ville et des causes qui donnent lieu à la plûpart des difficultés qui divisent les Commerçans de cette place, auroit trouvé bon de nous donner des Ordres bien dignes de sa sagesse, (comme nous l'apprend Monseigneur le Premier Président de qui nous les tenons) pour terminer les ménagemens que nous avons crû devoir jusques à present à la santé publique, et finir s'il est possible, les contestations qui agitent lesdits Négocians; et cela en commençant de reprendre l'Exercice de nôtre Fonction. Mais le concours de ceux qui se sont presentés sur le bruit de l'ouverture de nôtre Jurisdiction, ne pouvant se concilier avec les Ordres qui nous ont été donnés, et ayant jugé d'ailleurs qu'on ne pouvoit tout à la fois vuider toutes les demandes qui vont être fournies, et qu'en établissant un Ordre successif dans la decision des Affaires, c'étoit tomber dans une injustice bien réelle quoy qu'involon-

taire, contre ceux qui auroient été les derniers expédies,
puisques les condamnations n'auroient en Hipoteque que
du jour de leur datte; tandis que ceux qui l'auroient été
plûtôt auroient pu être payés, ou qu'ils seroient assurés
de l'être, même dans la déconfiture du débiteur, préféra-
blement aux derniers créanciers hipotecaires, qui
auroient pourtant fait de leur mieux pour acquérir une
hipotèque égale ; ce qui nous ayant parû demander un
remède prompt et suffisant de prévenir un tel inconvénient, et qui peut mettre tous les creanciers sous un
droit égal.

Nous avons ordonné et ordonnons que conformément
aux susdits Ordres, il sera inssecemment fait ouverture
de la Jurisdiction Consulaire, pour y être nos fonctions
reprises et continuées ainsi qu'avant la contagion, Et
attendu que la Sâle et Chambres destinées pour ledit
Exercice ne sont point libres, et ont été comme elles sont
actuellement, employées par les sieurs Echevins à autres
usages.

Nous ordonnons que jusques à ce qu'autrement soit
dit, les Audiances seront tenûes et toutes Procédures
faites dans la maison du sieur Dardenes scituée près
l'Hôtel de Ville et qui a été arrêtée à cet effet et au surplus, que tous porteurs de Lettres et Billets de Change,
Billets à Ordre et autres procédant de fait de commerce,
qui voudront acquérir des hipotèques sur les Tireurs,
Accepteurs et Donneurs d'Ordre, ou autres leurs Débiteurs et Redevables, les feront assigner par devant Nous
au Lieu susdit, et ce en vertu de cette Ordonnance et sans
qu'il soit besoin d'autre, pour le 26 du courant pour être
procédé à l'Avération et Reconnaissance de leurs Seings
et Écritures, ou pour avoir Acte du deny : Et à l'égard
de ceux qui ne sont porteurs que de Traités de Courtiers,
Comptes non arrêtés n'y signés, et qui voudront également acquérir des hipotèques, Nous ordonnons, sous le
bon plaisir de Sa Majesté attendu l'exigence du cas, qu'ils
feront pareillement assigner leurs Débiteurs et Redevables pour le même jour, pour avoüer ou denier la Depte,
Et qu'en l'un et l'autre cas l'hipotèque demeurera acquise
du jour de l'aveu ou deni de la Depte sans néanmoins
que les dites Averations, avenl ou denys puissent nuire
ni préjudicier au Droit des Parties, et sauf de leur être

fait droit au Principal ainsi que le cas requerra ; Et afin
que Notre dite Ordonnance ne soit ignorée, Ordonnons
qu'Elle sera affichée par tout où besoin sera et avons
signé.

A Marseille, ce 14 aoust 1721.

SEREN, F. SIMON.

Cette compétence aléatoire et temporaire qui resta
telle jusqu'à la Révolution n'allait pas sans renouveler bien des difficultés, et la plus grande venait de
ce que la connaissance du droit de suite dont nous
avons parlé n'y était pas comprise. Il arrivait donc,
chaque jour, que lorsque dans la liquidation d'une
faillite les Juges Consuls venaient à refuser à un
créancier le droit de suite, celui-ci allait immédiatement le solliciter et l'obtenir du juge de la sénéchaussée, qui ne demandait pas mieux que de
pénétrer par cette porte ouverte dans le prétoire des
marchands.

Les Juges Consuls s'adressèrent au Parlement qui
n'avait jamais été très tendre pour eux jusque là.
Les choses ont bien changé depuis, mais alors, le
Parlement leur donna tort et, par un arrêt de
juin 1741, ordonna que le juge de la Sénéchaussée
aurait seul à connaître du droit de suite lorsqu'il
serait revendiqué dans une faillite.

Tremblant que sous cet arrêt ne se cachât la perte
future de la connaissance entière des faillites, les
juges du commerce, dès le 23 novembre de la même
année, partirent pour Paris et firent tant et si bien
(on dit même que la Pompadour les y aida) que, dès
l'année suivante, Louis XV, en renouvelant comme
d'usage la déclaration relative aux faillites, comprit
leur liquidation ainsi que la connaissance du droit
de suite dans le domaine des consuls.

Comme le lieutenant de la Sénéchaussée contrevenait à cette décision, les Juges du Commerce l'obligèrent à s'y tenir par un arrêt du Conseil d'État rendu à leur profit le 25 mars 1749 et par des lettres patentes du 6 juillet 1750. On peut trouver ces diverses pièces aux archives de la Chambre de Commerce. Nous les omettons pour abréger le récit.

Cet arrêt du Conseil d'Etat fut la dernière victoire de nos pères avant la Révolution. Ils avaient ainsi vaincu tour à tour leurs ennemis : L'Amirauté, le Parlement, la Sénéchaussée, Colbert et Louis XIV.

Si les Juges Marchands défendirent ainsi leur autonomie, c'est qu'il coulait encore dans leurs veines ce sang des anciens consuls leurs pères qui défendirent, eux, leur droit politique l'épée à la main, et que, s'inspirant de leur courage, de leur ténacité et de leur probité, ils surent faire profiter leur charge judiciaire de ces qualités maîtresses de la fortune qui, après l'avoir rendue docile, savent au besoin la maintenir fidèle.

Marseille fut, en effet, de tout temps, et guerrière et marchande. Pendant que ses enfants jouaient un rôle actif et brillant dans les guerres qu'elle entreprit ou seconda, ses négociants surent toujours en tirer un merveilleux parti, et si elle ne laissa jamais passer sans en profiter une occasion favorable à ses intérêts mercantils, elle ne rechercha souvent l'influence politique que pour les faire naître.

J'ai déjà dit l'essor qu'elle prit aux croisades ; la rue Lancerie, la rue des Fabres, des Cuiratiers et tant d'autres, sont les vestiges du travail énorme qui s'y fit à leur usage et ce serait faire l'histoire de Marseille que de citer tous les exemples de ce merveilleux esprit.

C'est ce qui explique la qualité du rôle joué pour la plupart de ces Juges Marchands, que nous retrou-

vons avant d'occuper leur siège ou après l'avoir
quitté, dans tous les évènements politiques de notre
Cité si fertile en bouleversements. Guerriers, ambas-
sadeurs, législateurs et marchands, ils sont tout
cela tour à tour et même simultanément et, loin
d'être embarrassés dans le poste nouveau qu'ils occupent passagèrement, nous les voyons tirer des
circonstances, des résultats tels, qu'on les voudrait
voir obtenir à ceux qui les occupent ordinairement.

C'est, qu'à Marseille, l'opinion et à défaut les lettres-patentes de 1560 de Charles IX permettaient à la
noblesse, sans déroger, de commercer et de se livrer
à toutes sortes d'opérations mercantiles et indus-
trielles.

Les Montolieu, les Candolle, les Glandèves joi-
gnent, dans les actes qu'ils passent au xvᵉ siècle, la
qualité de noble à celle de marchand et, de là, vient
en grande partie le rôle politique que nous trouvons,
à tout instant joué par les Juges du Commerce dans
l'histoire de Marseille.

J'ai pu à grand peine reconstituer la liste presque
complète des Juges Consuls et mon esprit reste confondu aux souvenirs qui s'attachent encore à la plupart de ces noms dont je donnerai la liste à la fin de
cette première partie.

C'est Paul Vassal, dont un des descendants était
encore hier juge au tribunal qui, avec Jean d'Albertas et Antoine Cepède, reçoit, au nom de la Ville,
le roi Louis XI encore Dauphin, alors qu'il vint
visiter la Provence et se rendait à la Sainte-Baume;
c'est Jacques de Candolle, que la Ville délègue au
mariage de Charles VIII avec Marguerite d'Autriche
et auquel pour le plus dignement faire furent donnés
« Trois hommes de cheval et un mulet de bagage
avec équipage convenable et deniers suffisants à la
dépense de son train et de son séjour »

C'est Pierre Tornier, qui obtint de François Ier, pour Marseille, l'exemption du droit d'aubaine en faveur des étrangers y résidant, à condition d'épouser une fille de Marseille. C'est Jacques Cartier qui fait confirmer à Henri II toutes les libertés marseillaises. « Attendu, disent les lettres-patentes, la grande loyauté que les Marseillais ont toujours montrée envers nos prédécesseurs. » C'est de Village correspondant de Jacques Cœur, qui fait profiter Marseille des grandes relations de l'Argentier de Charles VII.

Ce sont Pierre Blanc, Deleuze, Riquetti de Mirabeau, aïeul du grand tribun, qui essaient au péril de leur vie, de calmer les passions populaires surexcitées par les guerres de religion.

C'est François Cazeaux, frère de Charles, qui est juge du commerce pendant que se passent les grands évènements, qui décident à jamais à l'avenir de Marseille. Ce sont de Beausset, Ogier de Riquetti, de Moustier qui arment le bras de Libertat; c'est de Ruffi, qui écrit l'histoire de Marseille.

Ce sont Marc Antoine Vento, François de Paulo, qui sont députés à Henri IV, pour demander la conservation des priviléges de Marseille et c'est à eux qu'il répond, après avoir exaucé leurs vœux : « S'il reste encore quelque chose pour votre parfait contentement, vous me le ferez entendre et j'y apporterai les coups de maître et de bon père. »

C'est Blaise Doria le frère d'André, le grand Amiral Génois, c'est de Moustier qui fonde avec Emmanuel Paschier, théologal de la Major, l'hôpital actuel de la Charité.

C'est Glandevès, en révolte contre l'autorité royale, dont la tête est mise à prix par Louis XIV.

C'est d'Audiffred, juge du commerce, qui, bravant le courroux du monarque, sauve Glandevès en le

conduisant dans une barque jusqu'à Barcelone.
C'est Géydon dont le nom est gravé sur la première
pierre de l'Hôtel de Ville actuel.

En un mot tout ce que Marseille a compté d'illustre
et d'utile à son pays est au nombre des Juges
Consuls.

Les de Cabre, seigneur de Roquevaire, de Jarente,
de Ramezan, de Vega, de Beausset, les Paul, escuyer
et chevalier, les Venture, les de Saint-Jacques, les
Savournin, les Devilliers, les Piscatoris, les Amphoux,
les Borrely, les Roux, tous ceux qui ont donné leur
nom à nos rues et à nos places, tous ceux dont le
souvenir remonte au principe de nos franchises,
tous ceux qui survivent encore dans les rejetons de
nos vieilles familles marseillaises, tous ont été juges
marchands estimés et honorés de leurs pairs.

Veut-on un exemple de leur intégrité ? Voici l'histoire digne des temps antiques de Nicolas Complan.
Pris par les pirates, il est amené à Tripoli et vendu
comme esclave à un riche musulman dont il se fait
estimer par ses bons services et sa vive intelligence.
« Retourne à Marseille, lui dit un jour son maître,
qui le voit inconsolable au souvenir de sa liberté
perdue, recueille ta rançon, mais reviens si au bout
d'un an tu n'y es pas parvenu, ta promesse me suffit. »
Complan part. Il passe quelques mois au sein de sa
famille qui, ayant éprouvé des revers, est dans l'impossibilité de le racheter. Fidèle à sa promesse, il se
dérobe, le terme passé, aux tendresses des siens et
vient reprendre sa chaîne. En arrivant à Tripoli il
trouve son maître dans la douleur et sur le point de
perdre sa femme qu'il aimait éperdument. Compian
la soigne et la guérit. A ce coup, son maître, plein de
reconnaissance, le fait libre et lui donne un navire
chargé de grains. Compian met à la voile et revient à
Marseille, où il ne tarde pas à faire une fortune
considérable.

Il était Juge Consul lorsqu'une effroyable disette vint désoler la ville ; les échevins, ne sachant où se procurer du blé pour nourrir cette population affamée, vinrent lui offrir de ses cargaisons 60 livres la charge : « A Dieu ne plaise, répondit Compian, que je profite de ce prix de famine ; mon blé me revient 30 livres la charge, ce prix me suffit. »

Faut-il un exemple de la grandeur des intérêts se débattant devant eux? C'était en 1756, le père Lavalette, visiteur général des Jésuites, employé en mission apostolique à la Martinique, s'était livré à certaines opérations commerciales très importantes pour l'époque ; il tira sur ses correspondants à Marseille, les frères Lionney et Gouffre, pour près de 1.500.000 francs en couverture de divers navires chargés de sucre qu'il leur expédiait. Les Anglais, alors en guerre avec la France, arrêtèrent ces envois et les frères Lionnay et Gouffre se trouvèrent à découvert des traites acceptées et probablement payées lorsqu'arriva le désastre. Les trois Marseillais actionnèrent alors le père Lavalette devant les Juges-Consuls, qui condamnèrent ce dernier à rembourser les 1.500.000 francs fournis. C'était une faible satisfaction, car, par lui-même, Lavalette n'avait rien. En négociants avisés, les frères Lionney et Gouffre demandèrent la commune exécution contre la Compagnie de Jésus toute entière, comme responsable et solidaire.

Le Tribunal Consulaire accueillit leurs conclusions par défaut, le 29 Mai 1760. On sait le reste : les Jésuites firent opposition et en appelèrent devant le Parlement de Paris qui, conformément aux conclusions de Pelletier Saint-Fargeau, père du conventionnel, confirma le jugement de Marseille.

Faut-il enfin des exemples de grandeur et de fortune commerciale ? C'est Georges de Roux décla-

rant la guerre à Georges roi d'Angleterre, Georges
de Roux prêtant sans se gêner 10 millions au roi de
France et donnant 3 millions à sa fille le jour de ses
noces avec Glandevès. C'est Borrély qui bâtit le
château qui porte encore son nom. C'est Devoulx
qui fait édifier l'hôtel du Cercle Puget, à la rue Saint-
Ferréol, dont il est un des premiers habitants et
dont le petit-fils deviendra le célèbre amiral Devoulx.
C'est Samatan qui va être le fournisseur de l'armée
d'Italie, la providence de Marseille affamée, et dont
la guillotine sera la récompense. Ce sont les familles
de Paul, Laflèche, de Roux et tant d'autres qui vont
perdre leur fortune dans la tourmente qui se prépare.
Cette tourmente, les Juges Consuls qui avaient été
mêlés de si près à tant de luttes politiques, la pres-
sentirent. Ils résolurent d'en profiter. Aidés de trois
anciens juges-consuls et de quatre rapporteurs délégués par la Chambre et le Comité du Commerce, ils
dressent le cahier de leurs doléances et de leurs
revendications. Seul de tous les Tribunaux de Commerce de France, il semble soutenir sur ses épaules
tout l'avenir de la fortune consulaire. Les travaux
préparatoires qu'il présente à l'Assemblée Législative
sont considérables. Ses demandes sont tellement
légitimes, qu'elles sont presque toutes adoptées et
donnent naissance au décret du 16 Août 1790, d'où
sort de sa chrysalide, nouveau papillon, notre Tribunal de Commerce actuel.

Avant de tourner cette page où s'éteint ce glorieux
passé, je ne puis m'empêcher de saluer une dernière
fois, ces Juges Consuls nos aïeux. Devançant le
langage des temps qui vont suivre, je puis dire d'eux
avec confiance qu'ils ont bien mérité de Marseille et
de la patrie.

7

LISTE DES JUGES CONSULS

L'état des Archives municipales ne permet pas de donner une liste complète des juges, des marchands avant 1543 et encore verra-t-on maintes lacunes aux époques de troubles intérieurs, où l'état des esprits n'autorisait pas à procéder aux élections. Les documents qui restent et notamment un *Registre* ou Recueil factice des *Délibérations de la Communauté de 1469 à 1485*, en fragments incomplets, donnent çà et là les noms suivants des juges marchands en fonctions à ces dates :

1473. — Nobilis Benedictus de Leonardis et Nobilis Raynaldus Altavitis (*sic*).

1479. — Franciscus Blancardi et Petrus Imberti.

1480. — Alfoncius Tulle et Petrus Imberti.

1481. — Lazarus Graciani et Nobilis Paulus de Laupeto.

1485. — Nobilis Johannes de Monteolivo et Johannes Comitis.

1539. — Amielh Albertas et Melchion Capel.

Ces deux derniers consuls figurent, en novembre 1539, dans un fragment de Délibération municipale :

1543. — Pierre Tournon et Jacques Cartier.

1544. — Amyel Albertas et Lois Cabre.

1545. — Jauffret Salleles et Françoys Virolle.

1546. — Pierre Tournier et François Virolle.

1547. — André Vassal et Bottin Datti.

1548. — Pierre Albertas et Loys Imperial.

1549. — Guilhen Cartier et Thomas Lauze.

1550. — Geoffroit Sallele et Jehan Pintat.

1551. — André Vassal et Jehan Ysac.

1552. — ......

« A esté informé par led. conseil que attendu la briefveté du temps de leur charge pour prouvoyr à la ellection des *officiers.... ranvoye au premier conseil que se tiendra pour y proowoyr et y deliberer tant aussi que bon lui senblaira. »*

1553. — ......

Pas de mention d'élection cette année.

1554. — ....

Pas de mention d'élection cette année.

1555. — Margniet Gérente et André Vorselh (sic) (Vassal).

1556. — Nobles Blaise Doria et Barthazar Paul.

1557. — Anthoine Deleuze et Laurens Reynier.

1558. — Pierre Candolle et Pierre Fornier.

1559. — Ambroise de Ramezan et Jacques de Vega.

1560. — Jacques Castelan et Juhan Vionet.

1561. — Margniot Gérente et Jehan Daisac.

1562. — ....

« *Idem à la fourme et manière que dessus ont aussi esté hommés pour juges des merchans messieurs les consulz premier et segond de l'année passée,* » qui étaient :

Adam Bouquier et Pierre Blanc.

1563. — Joseph de la Seda (sic) et Barthélemy Candolle.

1564. — ......

Le Conseil délibère de proroger les élections jusqu'à l'arrivée du Roy à Marseille. Le 15 novembre suivant sont élus :

Pierre Candolle et Bernardin Bocquin.

1565. — Jehan Meynard et Jehan Deisac.

1566. — Melchion Gérente et Pierre Bausset.

1567. — Jehan Riquetty et Cosme Roux.

1568. — Pierre Albertas sieur de Saint-Chamas et Jehan Vivaut.

1569. — Joseph de la Sepeta sieur de Nans et Sébastien Calère sieur de Roquevaire.

1570. — Ambroise de Ramezan et Bancellin Gratian.

1571. — Pierre Bausset sieur de Roquefort et Pierre Blanc.

1572. — Noble Jehan Riquetti sieur de Mirabeau et Pierre Barnier.

1573. — Scagno Rongalbe et Estienne Barral.

1574. — Balthasar Paul escuyer et Charles Géranton.

1575. — Laurent Reynier et Phellip Flori Gagnon.

1576. — Loys Monier et Jaumet Bosquet.

1577. — Anthoine de Lorme et François Halix.

1578. — François Debousset et Paulin Riolachin.

1579. — Pierre Estaqui et Claude Riquelme.

1580. — François Guiguilhet et Nicolas Juvenal

1581. — Jehan Canvet et Reynaud Legrand.

1582. — Ogier Perret dit Riquety et Domergue André.

1583. — Pierre Blanc et Loys Debourg.

1584. — Jehan Eyguizier et François Gratian.

1585. — Jehan Jacques Caranteno et Guilhen Barral.

1586. — Gilles de Leuze sieur de Saint-Jean de Brusc et Amadour Rosas.

1587. — ......

On trouve en charge, en novembre :
André de Gérente et Grégoire Caranteno.

1588. — François Gay et Estienne Lange.

1589. — François de Paulo et Jacques Aprozy.

1590. — Laurens Mareilly et George Fornyer.

1591. — ......

Pas de trace d'élection de juges-consuls dans ce registre.

1592. — Jehan Boyer et Pierre Ollivier, de la Blancarie.

1593. — Loys de Félix et Claude Aydoux.

1594. — François de Cazaulx et Balthezard Cappel.

1595. — Cathelin Guilhen et Guilhaume Giraud.

1596. — ......

L'élection de cette année a été différée jusqu'à l'arrivée de du Vayr et a eu lieu le 1er janvier suivant.

1597. — Lange Vento et Louis Spinand l'aisné

1598. — Jehan Durand et Melchion Médicis.

1599. — Honoré Flote et Loys Beau.

1600. — Anthoine Dhermite et Ambroise Bonin.

1601. — J.-B. Caze et Pierre Marinery.

1602. — Anthoine de Boquin et Jehan Daydé sr de Fendousse.

1603. — Ogier Riquetty s' de Mirabaulx et Gaspar Seguier.

1604. — ....

Par lettres patentes du 15 novembre 1604, le Roi ordonne aux officiers de la ville de rester en charge jusqu'à ce que " *Nous estant sur le lieu nous ayons fait pourvoir à nouvelle élection.*"

1605. — Charles Seilhans et Oratio Padoano.

1606. — Lois Gerenton et Fransois Pibrin.

1607. — Pierre Vento, escuyer et Honnoré Venture.

1608. — Pierre Vento et André Bourrelly.

1609. — ....

Pas d'élection cette année. Par lettres patentes du 23 octobre, le Roi ordonne de surseoir à la nomination des Consuls et autres Officiers de la ville de Marseille.

1610. — Jacques Moustier et Honoré Venture.

1611. — Pierre de Candolle et Simon Moustier.

1612. — Cornellio de Remezan et Guilhen Urtis.

1613. — Estienne Arquier s' de Charleval et Pierre Fort.

1614. — Léonard de Sacco et Jehan Seigneuret.

1615. — J.-B. Félix, escuyer et Jean Perrin, bourgeois.

1616. — François Dantelmy et Anthoine Borraux.

1617. — Louis Cordier et Pierre Valholle.

1618. — Jean Davène et Louis Delourme.

1619. — Louis de Vento et Louis Audiffret.

1620. — Honnoré de Riqueti sieur de Mirabeau et Jean Delaye.

1621. — ....

Le procès-verbal des élections manque sur le registre 31 dont les pièces sautent du 31 octobre au 7 novembre 1621 et ne donnent rien à la date du 28 octobre.

1622. — François de Caradet et Pierre Delascour filz de feu François.

1623. — Anthoine de Boequin et Honnoré Seigneuret.

1624. — Jean-François Febre et Louis Saint-Jacques.

1625. — François Napoallon et Reymond Aurel.

1626. — ....

Les élections furent renvoyées car « il y auroiet heu un tel discord... qu'il auroiet esté necesserement besoing pour y pourvoir d'en recourir au Roy nostre Souverain Seigneur. »

1627. — Lazarin de Servian et Antoine Jourdan.

1628 — Claude Anthoine de Ramezan et Jehan Feizan.

1629. — Louis Savournin et Pierre Gueidon.

1630. — Phelip Vernet et Charles Mazanot.

1631. — Balthezard de Vias et Jacques de Tournier.

1632. — Léonard de Sacco et Balthezard de Boyer.

1633. — Jean de Bermond et Estienne Graffigne.

1634. — ......
Pas d'élection cette année.

1635. — Léon Descallys et Jean Curiol.

1635. — ......
Une lettre de cachet du Roi du 18 octobre fit surseoir aux élections qui se firent le 13 novembre suivant.
Pierre Besson et Gabriel Venture.

1636. — Anthoine de Cabre et Estienne de Saint-Jacques.

1637. — ......
Ce registre ne mentionne pas de juges-consuls nommés cette année.

1638. — ......
Même remarque que pour l'année précédente.

1639. — Jean Seigneuret et Michel Fréjus.

1640. — André Guigonis et Pierre Latil.

1641. — ......
On ne rencontre aucune élection de juges consuls.

1642. — Jean François Mantilery et Claude Bellin.

1643. — ......
Aucun renseignement sur la nomination des juges consuls.

1644. — ......
Cette remarque s'applique encore à la présente année.

1645. — Anthoine de Moustiers et Anthoine Giraudon.

1646. — ......
Pour éviter que des gens « mallaffectionnés au bien de nostre service » ne suscitent des troubles, le Roi, par lettres patentes du VII novembre 1646, résolut « de choizir

et eslire... les conseilhiers, consulz et cappiltaines..., qui
doibvent présentement entrer en charge. »

Sont élus juges du commerce :
Joseph de Martin et Gabriel Bousquet.

1647. — Gaspard de Fabre et Maurice Giraud.

1648. — Blaize de Bricard et Jean Chatagnier.

1649. — Jean Compian et Jules Boyer.

1650. — Anthoine de Fellix et Henry Prat.

1651. — Jacques Garnier et Jean Anthoine Robolly.

1652. — ....

Pas de procés verbal faisant connaître la nomination
de juges-consuls.

1653. — Pierre Déblanc et Louis Callamand.

1654. — Nicolas de Felix sieur de la Reynarde, et
Benoîct Rollandin.

1655. — Lazare de Tournier sieur de Saint-Victoret et
Ollivier Chautard.

1656. — André de Gaspary et Jean Lefebvre.

1657. — Anthoine de Ruffy et Allexandre Auphant.

1658. — Estienne Daudiffret, escuyer et Balthazard
Maurel.

1659. — Balthazard Belerot et Charles Ollivier.

1660 — Baptiste Franchiscou et Nicolas Croiset.

1661. — Pierre Lambert et Louys Porry.

1662 — Guilheaume de Saint-Jacques et Germain Dameric

1663. — Balthezard Bellirot et Anthoine Collomb.

1664. — Jean de Lisle et Antoine Léon.

1665. — François Grange et François Borrelly.

1666. — Claude Bellot et Jean Abeilhe.

1667. — Pierre Doct et Antoine Franegue.

1668. — Jean Ollive et Pierre Sebollin.

1669. — Jacques Franchiscou et Pierre Icard.

1670 — Jean Gardane et Jean Magy.

1671. — Honoré Roustain Belliard et J.-B. Gazelle.

1672 — Pierre de Sainct-Jacques et François Marin.

1673. — Honnoré Rigord et Jean André Fredian.

1674. — Pierre de Solle et Vincent Martin.

1675. — François Sicard et Jean Daignan.

1676. — Jean Boisselcy et Jean Estienne.

1677. — Louis Chambon et J.-B. Marges.

1678. — Charles Ollive et André Feau.

1679. — Thomas Estienne et Anthoine Vitte.

1680. — Jean de Cellier et J.-B. Poette.

1681. — J.-B. Dupont et Joseph Cosset.

1682. — Louys Porry et Louys Vin.

1683. — François Ferrenc et Jacques Chaspuis.

1684. — Thomas Bain et Jean Estienne.

1685. — François Borély et Jean David.

1686. — Balthezard Mignot et Jacques Porry fliz d'André.

1687. — Jean Bellerot et Victor Toard.

1688. — Jacques Savignon et Pierre Ricard.

1689. — Jean Chartras et Pierre Brocesson.

1690. — François Grattian et Pierre Pujol.

1691. — Joseph Borély et Jean Jouvène.

1692. — Mathieu Fabre et Honnoré Guintrand.

1693. — Nicollas Jullien et Michel Lebois.

1694. — David Magy et Honnoré Piscatoris.

1695. — Antoine Coulomb et Guilheaume Alphanti.

1696. — Antoine Boquery et J.-B. Conte.

1697. — Léon Alamel et J.-B. Barthéllemy.

1698. — Joseph Stoupan et Honnoré Laugier.

1699. — André Porry et Pierre Pons Le Roy.

1700. — Antoine Fouquier et Estienne Guilhermy.

1701. — Scipion Antoine Latil et J.-B. Crouzet.

1702. — Philip François Estelle et Bruno Granier.

1703. — Honoré Guintrand et Charles Astoin.

1704. — Pierre Ferrand et J.-B. Audimar.

1705. — Joseph Surle et Louis Guilhermy.

1706. — Pierre Beau et Antoine Gros.

1707. — Henry Grimaud et Barthélemy Lombard.

1708. — Jean Balthallon et Jean Aubert.

1709. — Bruno Granier et François Roux.

1710. — Honoré Piscatoris et Balthezard Diendé.

1711. — Pierre Boule et Pierre Comte.

1712. — Guilheaume Alphanti et Benoît Durand.

1713. — François Ravel et Honoré Mollière.

1714. — Joseph de Saint-Jacques et Pierre Roman.

1715. — Jérôme Sossin et J.-B. Paul.

1716. — J.-B. Agnel et Louis Expilly.

1717. — J.-B. Agnel; Louis Expilly et Balthazard Bruno Lombardon.

1718. — ......

Louis Expilly s'étant absenté du Royaume a été remplacé par *Jean Aubert* lequel demanda à être relevé de ses fonctions, le 4 novembre, vu son âge et ses infirmités. *Jean-Jacques Seren* fut nommé à sa place. Finalement il resta :

Balthazard Bruno Lombardon ; Jean-Jacques Seren et Rostagny.

1719. — Jean-Jacques Seren; Rostagny et François Simon.

1720. — ......

Année de la Peste. Pas d'élections, les mêmes Juges restent en fonctions, mais les affaires étant suspendues, ils ne durent pas siéger souvent.

1721. — Rostagny ; François Simon et Etienne Remuzat.

1722. — ......

Pas d'élections cette année.

1723. — ......

Etienne Remuzat, ayant été nommé échevin par le Roi l'an passé, a eu pour remplaçant *Balthazard Mille* avec mandat de 2 ans et *Esprit Piquet* avec mandat de 3 ans. Il y avait donc :

François Simon ; Balthezard Mille et Sprit Piquet.

1724. — Balthezard Mille; Esprit Piquet et Louis Belliard.

1725. — Esprit Piquet; Louis Belliard et J.-B. Saint-Michel.

1726. — Louis Belliard ; J.-B. Saint-Michel et Honnoré Latil.

1727. — J.-B. Saint-Michel ; Honnoré Latil et Honnoré Béraud.

1728. — Honnoré Latil ; Honnoré Béraud et Toussaint Cattelin.

1729. — Honnoré Béraud ; Toussaint Cattelin et Jean
    Cordier.

1730. — Toussaint Cattelin ; Jean Cordier et Blaise David.

1731. — Jean Cordier ; Blaise David et François Guys.

1732. — Blaise David ; François Guys et Estienne Roland.

1733. — ....

Estienne Roland, étant mort, on nomma à sa place
Zacharie Ricard avec mandat de 2 ans.

  François Guys ; Zacarie Ricard et Jacques Artaud.

1734. — ....

Le Roi ordonne de surseoir aux élections qui eurent
lieu le *16 janvier 1735.*

  Zacarie Ricard ; Jacques Artaud et Antoine Seguin.

1735. — Jacques Artaud ; Antoine Seguin et Louis Dau-
    phin.

1736. — Antoine Seguin ; Louis Dauphin et Louis Serin.

1737. — ....

  Pas d'élection de Juge Consul. Les mêmes continuèrent
à siéger.

1738. — ....

Louis Seren fut nommé 1er échevin. *Alexandre Dauphin* fut élu, à sa place, avec mandat de 2 ans.

  Louis Dauphin ; Alexandre Dauphin et Nicolas Borély.

1739. — Alexandre Dauphin ; Nicolas Borély et Trophi-
    me Guilhermy.

1740. — Nicolas Borély ; Trophime Guilhermy et Jacin-
    the Truilhier.

1741. — Trophime Guilhermy ; Jacinthe Truilhier et
    Alexandre-Xavier Audibert.

1742. — Jacinthe Truilhier ; Alexandre-Xavier Audibert
    et Jean-François Isnard.

1743. — Alexandre-Xavier Audibert ; Jean-François Is-
    nard et Denis Borély.

1744. — Jean-François Isnard ; Denis Borély et François-
    Dominique Bertrand.

1745. — Denis Borély ; Fr.-D. Bertrand et Joseph Crozet
    neveu.

1746. — Fr.-D. Bertrand ; Joseph Crozet neveu et J.-B.
    Roubaud.

1747. — Joseph Crozet neveu ; J.-B. Roubaud et Sauveur
    Bausseir.

1748. — J.-B. Roubaud ; Sauveur Baussier et J.-B.
    Latil (sic).

1749. — Sauveur Baussier; J.-B. Latil et Jean-Pourrières.

1750. — J.-B. Latil ; Jean Pourrières et Antoine Martin
    fils de Luc.

1751. — Jean Pourrières ; Antoine Martin et André
    Beaussier.

1752. — Antoine Martin ; André Beaussier et Jean Boyer,
    ancien échevin.

1753. — André Beaussier ; Jean Boyer et Jean Jacques
    Cauvin.

1754. — Jean Boyer ; Jean Jacques Cauvin et Gabriel
    Remuzat.

1755. — Jean-Jacques Cauvin ; Gabriel Remuzat et Gas-
    pard Sienne.

1756. — Gabriel Remuzat ; Gaspard Sienne et Pierre
    Thulis.

1757. — Gaspard Sienne; Pierre Thulis et Antoine Arnaud.

1758. — Pierre Thulis ; Antoine Arnaud et Jean François
    Fléchon.

1759. — Antoine Arnaud ; Jean François Fléchon et
    Nicolas Samatan, ancien échevin.

1760. — Jean François Fléchon ; Nicolas Samatan et
    Jacques-Joseph Reboul.

1761. — Nicolas Samatan ; Jacques Joseph Reboul et
    Louis Jean Milot.

1762. — Jacques Joseph Reboul ; Louis Jean Milot et
    Pierre Joseph Veyrier.

1763. — Louis Jean Milot ; Pierre Joseph Veyrier et
    Bruno Dengalière.

1764. — Pierre Joseph Veyrier ; Bruno Dengalière et
    Simon Croze Magnan.

1765. — Bruno Dengalière ; Simon Croze Magnan et
    Estienne André Magallon.

1766. — Simon Croze Magnan ; Estienne André Magallon
    et Jean Jacques Ollive, ancien échevin.

1767. — Estienne André Magallon ; Jean Jacques Ollive et François Clary.

1768. — Jean Jacques Ollive ; François Clary et Balthazard Alex. Lesbros.

1769. — François Clary ; Balthazard Alexandre Lesbros et Antoine Estienne Escalon.

1770. — Balthazard Alexandre Lesbros ; Antoine Estienne Escalon et Balthazard Napollon.

1771 (1). — Antoine Estienne Escallon ; Balthazard Napollon et Jean François Crozet.

1772. — Balthazard Napollon ; Jean François Crozet et Balthazard Marseille Bardon.

1773. — Jean François Crozet ; Balthazard Marseille Bardon et Mathieu Pierre Féraud.

1774. — Balthazard Marseille Bardon ; Mathieu Pierre Féraud et Millot père.

1775. — Mathieu Pierre Féraud ; Millot père et Reissolet.

1776. — Millot père ; Reissolet et Simon Rolland.

1777. — Reissolet ; Simon Rolland et Testar (Pierre Nicolas).

1778. — Simon Rolland ; Testar (Pierre Nicolas) et Joseph Aubert.

Cette année Simon Rolland fut remplacé par Eydin aîné.

1779. — Testar (Pierre Nicolas) ; Joseph Aubert et Balthazard Nicolas Mille.

1780. — Barthelemi Napollon ; Th. Tournier aîné (2) et Michel Hanci.

1781. — Th. Tournier aîné ; Michel Hanci et François Simon Devoulx.

1782. — Michel Hanci ; François Simon Devoulx et Ferrari aîné.

---

(1) Cette année, fut élu pour juge-consul, J.-B. Rey lequel, prétextant de son titre « d'inspecteur des Marbres du Roy », demanda à être remplacé. On nomma à sa place François Crozet (Reg. 172, fol. 163 recto).

(2) Tournier aîné fut nommé avec un mandat de 2 ans à la la place d'Arnaud de Labat élu juge consul, le 30 octobre. mais démissionnaire pour raison de santé.

1783. — François Simon Devoulx ; Ferrari aîné et Jean
Joachim Dragon.

1784. — Ferrari aîné ; Jean Joachim Dragon et Laflèche
(Simon).

1785. — Jean Joachim Dragon ; Laflèche (Simon) et
Jean François Crudère, ancien échevin.

1786. — Laflèche (Simon) ; Jean François Crudère et
Antoine Martin Compian.

1787. — Jean François Crudère ; Antoine Martin Compian
et Pierre Siau.

1788. — Antoine Martin Compian ; Pierre Siau et Jean
François Martin, fils de César.

1789. — Pierre Siau ; Jean François Martin et Jean
François Rostan.

DEUXIÈME PARTIE

LE TRIBUNAL CONSULAIRE PENDANT LA RÉVOLUTION

Prise de possession par la municipalité de 1791 du Tribunal des Juges-Consuls. — Évènements politiques révolutionnaires, rôle qu'y joue le Tribunal. — La mort du président Pascal. — Adresse du Tribunal à la Convention à l'occasion de la mort de Robespierre. — Lettre de l'amiral Bruix. — Triste état des finances consulaires. — Liquidation des prises des Corsaires.

Le 22 novembre 1791, à l'entrée de la nuit, M. Martin fils de César, juge président du Tribunal Consulaire, après avoir signé son dernier jugement quitta la salle d'audience de la rue Saint-Jeaume.

Arrivé aux dernières marches de l'escalier il s'arrêta et se tournant vers son greffier qui l'avait accompagné jusque-là « Jean-Louis, dit-il, j'ai trop présumé de mes forces, je pars; vous recevrez ces « Messieurs de la Municipalité et leur remettrez les « archives ainsi que la caisse de dépôt. » Et après avoir, une dernière fois, à la lueur tremblotante de la mèche fumeuse que tenait le greffier, essayé de percer les ténèbres de ces murs qui avaient si souvent rendu l'écho de ses sentences, il s'en fut.

M. Martin fils de César était le dernier élu des échevins et des Viguiers de Marseille. Avec le bruit de ses pas semblèrent s'évanouir un moment dans la nuit quatre siècles de probité et de dévouement.

À la même heure sortait de la Mairie un déta-
chement de la Garde Nationale escortant, flambeaux
allumés, les autorités municipales qui, arrivées à la
rue Saint-Jeaume, s'arrêtèrent devant le ci-devant
Tribunal Consulaire et procédèrent à l'exécution de
leur mandat comme il appert du procès-verbal
ci-dessous.

Ce jour, vingt-deux novembre mil sept cent nonante un
l'an trois de la liberté sur les six heures après-midi, nous
maire et officiers municipaux de cette ville de Marseille,
présent et requérant Seytre substitut du procureur de la
commune; attendu la suppression du Tribunal Consulaire, nous nous sommes rendus en corps accompagnés
du sieur Esmieu, secrétaire-archiviste, et d'un déta-
chement de la garde Nationale à l'auditoire du ci-devant
Tribunal Consulaire de cette ville, rue Saint-Jeaume,
pour y procéder à l'apposition des scellés sur les armoires
contenant les minutes et papiers du greffe ainsi que sur la
caisse des dépôts, en conformité de la loi. Nous avons
trouvé au bas de l'escalier le sieur Jean-Louis Sicard,
greffier du ci-devant Tribunal à l'indication duquel nous
sommes montés dans les appartements au premier étage,
un desquels servait d'auditoire et où ne se trouve aucun
papier; à la même indication nous avons fait apposer le
scellé de la municipalité sur la porte d'un appartement
qui renferme la caisse de dépôts et quelques papiers; la
clé de cette porte a été retirée par le sieur Esmieu pour
être déposée au secrétariat de la municipalité. Toujours
à l'indication du sieur Sicard, nous nous sommes rendus
dans un autre appartement au même étage contenant les
minutes et dépôts du greffe dudit Tribunal sur la porte
duquel nous avons aussi fait apposer le scellé de la
municipalité; de là nous sommes montés au second étage
où nous avons pareillement fait apposer le même scellé
sur la porte d'un appartement, et enfin au troisième étage
où nous l'avons aussi fait apposer sur la porte de deux
appartements, contenant les uns et les autres des
minutes, papiers et documents du dit greffe du ci-devant
Tribunal Consulaire; les clés de tous lesquels appartements au nombre de cinq ont été retirées par le sieur

H. G. MIRABEAU

Esmieu pour être déposées au secrétariat de la municipalité. Et pour qu'il conste de ce que dessus nous avons dressé le présent verbal que nous avons signé avec les sieurs Sicard et Esmieu.

Signé : BERNARD, off. m^{al} ; E. CHONPRÉ, off. m^{al} ; D. SICARD; J. BESSON, off. m^{al} ; A. AUDIBERT, off. m^{al} ; H^{re} LIEUTAUD, off. m^{al} ; SEYTRES, substitut ; VERNE, off. m^{al} ; ESMIEU.

En mettant ainsi sous scellés le ci-devant Tribunal Consulaire, la Révolution n'avait voulu que sauvegarder les droits de l'héritier qu'elle lui destinait; et en ajoutant la mer à son domaine par la suppression de l'Amirauté, elle allait donner à cet héritier, le Tribunal de Commerce, une puissance et une grandeur qui n'avaient jamais jusqu'alors été son apanage. Le cours des assignats dont il eut en outre à connaître, le prix des denrées qu'il eut à fixer en vertu de la loi du maximum, le fret dont il eut à discuter les clauses avec les capitaines réquisitionnés dans le port pour ravitailler les armées d'Italie, les corsaires enfin dont il dut approuver les lettres de marque et liquider les prises, accrurent encore passagèrement et cette puissance et cette grandeur qui atteignirent leur apogée au temps où la Chambre de Commerce ayant cessé ses fonctions, le Tribunal eut à les remplir à sa place; et s'il est permis quelquefois à l'historien de s'étonner que des hommes peu préparés se soient trouvés aptes tout à coup à jouer les rôles les plus divers et les plus hauts comment ne le serais-je pas moi-même, en voyant ces juges du Commerce tout nouveaux, tirés sur un ordre de Maignet, de Barras ou de Fréron de derrière leur comptoir, s'établir sans défaillance sur leur siège, se montrer à la hauteur des affaires les plus importantes, les plus délicates et ne pas trembler dans leur indépendance au milieu de temps de la plus effroyable gravité.

Mais avant d'en arriver aux sinistres moments qu'ils traversèrent, ainsi qu'aux tragiques pouvoirs auxquels ils obéirent, il me faut rappeler en peu de mots quel était l'état de Marseille à l'entrée en scène de ces hommes dont nous allons parler.

Dès qu'eut pris fin la guerre de l'indépendance américaine avec sa paix sans profit pour nous, mais réconfortante tout au moins pour notre honneur national, la mer redevint libre, et Marseille, sous le pavillon bleu de la vieille Provence, en profita pour se lancer à corps perdu dans les armements.

La vieille ville creva bientôt sous la poussée d'une population devenue de jour en jour plus nombreuse et la marine royale ayant transporté ses établissements à Toulon, l'arsenal fut vendu. M. La Flèche, juge du commerce, qui avait passé sa jeunesse et fait sa fortune à Constantinople, inspira une Compagnie puissante qui acquit les terrains de l'arsenal pour 10 million de francs et en commença le morcellement suivant le plan de M. Thiers, archiviste de la Ville et père du président de la République.

Des rues nouvelles, très spacieuses pour l'époque, telle que la rue Beauvau, s'ouvrirent, d'innombrables constructions s'élevèrent, faisant croître Marseille sur terre comme elle devenait sur mer de jour en jour plus grande.

Cette activité commerciale et immobilière ne fut pas sans amener chez elle nombre d'étrangers qui, loin d'avoir les mœurs douces et simples de nos pères, y menaient une vie peu exemplaire et, faisant étalage des idées philosophiques du siècle finissant, auxquelles la guerre de l'indépendance venait de donner un regain d'actualité, préparaient les esprits aux grands événements qui allaient suivre.

Il n'est pas étonnant du reste que les idées que sema la
Révolution aient trouvé à Marseille un terrain fertile
et propice à leur développement. Marseille avait vécu
longtemps sous le régime républicain et le souvenir
de la liberté perdue ne s'était jamais complètement
effacé de son cœur. Pour beaucoup des hommes
politiques surgis au cours de ces temps troublés,
l'indépendance de la Cité et même de la Provence,
était au bout de la Révolution, et les idées sépara-
tistes, si elles ne se firent pas jour ostensiblement,
n'en étaient pas moins le mobile de bien des
ambitions.

Cet état d'esprit explique comment les cadres révolutionnaires se trouvèrent formés à Marseille et fonc-
tionnèrent dès que les temps nouveaux furent
accomplis. Ils s'y manifestèrent pour la première
fois lors de l'arrivée de Mirabeau venant remercier
de son élection aux États-Généraux les Marseillais,
ses compatriotes (1), car les Riquetti de Mirabeau,
issus d'un vieux sang gibelin de Florence, s'étaient
établis à Marseille vers le milieu du xiv° siècle, y
avaient fait leur fortune, joué un rôle considérable,
rempli à plusieurs reprises les plus hautes fonctions,
celles de Juges Consuls entre autres, comme nous
l'avons déjà vu, et venaient tout récemment encore
de vendre à la ville leur vieil hôtel de famille faisant
presque l'angle de la rue Noailles et de la rue Papère,
comme ils avaient vendu à Gaspard de Maurellet,
marquis de la Roquette, leur maison de la place de
Lenche où se trouve aujourd'hui la Maîtrise Capitu-
laire après avoir longtemps abrité les enfants de
l'Étoile et où avait été reçu en 1666 le roi Louis XIV.

L'arrivée du tribun dans nos murs fut pour lui

(1) On sait que Mirabeau avait été élu à Marseille et à Aix et
qu'il opta pour cette dernière ville.

l'occasion d'un triomphe qui se continua de la place d'Aix, où il descendit, jusqu'aux quais Saint-Jean, et auquel prirent part tous ceux qui allaient désormais jouer les premiers rôles : tels que Barbaroux, Granet, Mouraille, Ricord, Micoulin, Rebecqui, Étienne Martin. Ce dernier, négociant à la Grand'Rue était l'ami intime de Mirabeau, qui l'avait surnommé « Le Juste », non comme on pourrait le croire à cause de son équité, dit le chroniqueur, mais plutôt à cause de son insuffisance ou manque d'étoffe (en provençal : « *Ero un paou jus* »; il était un peu juste).

Si j'en parle, c'est qu'il brigua, à cause de son surnom peut-être, la présidence de notre Tribunal établi par la loi nouvelle, présidence qui échut finalement à Rebecqui.

Rebecqui était distillateur à la Loge et avait adopté avec enthousiasme les idées nouvelles.

Au lendemain de son élection, le procureur de la Commune, le fameux Seytre, alla faire la levée des scellés de la rue Saint-Jeaume et en remit les clefs au sieur Jean-Pierre Lunel, greffier élu par MM. les juges du nouveau Tribunal (1). Rebecqui siégea

(1) Ce jourd'hui v'ngt-quatre novembre mil sept cent-nonante-un, à deux heures après midi, nous officiers municipaux de cette ville de Marseille, accompagnés du sieur Esmieu, secrétaire-archiviste, nous sommes rendus à la maison où le ci devant Tribunal Consulaire tenait ses séances à l'effet de procéder à la reconnaissance et de suite à la levée des scellés qui furent par nous apposés le vingt-deux de ce mois sur les divers dépôts, armoires et appartements dépendant du même tribunal et étant arrivés à la dite maison nous y avons trouvé le sieur Sicard, ancien greffier et le sieur Jean-Pierre Lunel, greffier élu par MM. les Juges du nouveau Tribunal de Commerce, en présence desquels nous avons vérifié et reconnu que tous les scellés par nous apposés et désignés dans notre verbal étaient sains et entiers, et de suite nous les avons rompus et enlevés, et le sieur Esmieu a remis les cinq clefs mentionnées dans le même verbal au sieur Lunel, greffier, lequel s'en est bien et dûment chargé ;

GARNIER

Capitaine en second du Bataillon des Marseillais
qui est entré le premier aux Tuileries le 10 Août 1792.

rarement si je tiens compte du peu de jugements
qu'il rendit et qu'il signa. Du reste, il n'en eut pas le
temps, ayant joué un rôle des plus agités dans l'histoire de la Révolution. Après son année de présidence on retrouve son nom dans tous les évènements
marquants de cette époque. A la tête de 2 000 patriotes
marseillais, il se rend maître d'Arles et d'Avignon,
qui s'étaient données une administration de modérés.
Elu, après cet exploit, député à la Convention, il
suivit la fortune des Girondins et périt avec elle.
Traqué, lors de leur chute, comme une bête fauve, il
revint à Marseille, où le bienfaisant M. Pascal, son
successeur à la présidence du Tribunal, lui donna
asile chez une de ses parentes demeurant à la Plaine
Saint-Michel. Voyant cette femme de plus en plus
troublée devant les visites domiciliaires et tremblante
sur les conséquences de la loi des suspects, il
descendit une nuit sur le port et se noya devant cette
Loge, qui avait été le berceau de sa fortune commerciale et politique.

Cependant les choses s'étaient bien gâtées à Marseille. Le pillage à la rue Noailles de la maison de
M. Laflèche, qui, de Juge-Consul, était passé à la
mairie, l'attaque dans la rue Contellerie de l'asses-

sauf à lui de se consulter avec l'ancien greffier pour procéder à
l'inventaire ou reconnaissance des minutes, papiers et effets
déposés au greffe du ci-devant Tribunal Consulaire.

Pour qu'il conste de ce que dessus nous avons dressé le présent
verbal que nous avons signé avec M. le Substitut du Procureur
de la Commune, les sieurs Sicard et Lunel, et le sieur Esmieu,
secrétaire archiviste présent et requérant, M. Seytre, substitut
du Procureur de la Commune.

Signé : E. Chompré, Mouraille, off. m¹ ; A. Audibert, off. m¹ ;
Nitarel, off. m¹ ; Seytre, substitut ; Verne, off. m¹ ; D. Sicard,
Lunel, Esmieu.

(Coté) Marseille, le 22 novembre 1791, verbal d'apposition des
scellés sur les armoires, minutes, papiers de caisse du ci-devant
Tribunal Consulaire.

seur de la Commune, M. Capus, qui mourut plus
tard secrétaire de la Chambre de Commerce, la prise
du fort Saint-Jean et le massacre de ses défenseurs,
M. de Beausset en tête, avaient effrayé les négociants
sérieux, qui restreignirent de plus en plus leurs opérations ; mais l'entrée en scène des assignats vint
donner, par contre, à celle des spéculateurs et agio-
teurs un gigantesque essor.

Comme cette histoire des assignats se trouve inti-
mement liée à celle de notre Tribunal, il est nécessaire d'en dire quelques mots.

Malgré tous les désastres qu'ils amenèrent dans la
suite, il y avait un grandiose effrayant dans ce chef-
d'œuvre de Mirabeau, battant ainsi monnaie avec la
terre de France. L'assignat fut incontestablement le
levier de la Révolution.

Ce fut lui qui paya les impôts et fit des adeptes de
tous les contribuables laissés en paix ; ce fut lui qui
créa cinq armées aux frontières, les équipa et les
entretint ; ce fut lui enfin qui acheta les concours
chez l'étranger et soudoya des espions jusque dans le
Conseil des rois. En outre, par la mobilisation de
tant de valeurs, il produisit au début une circulation
de capitaux inconcevable, capitaux qui se portèrent
avec frénésie à Marseille sur les denrées tropicales,
très rares à l'époque, et qui haussèrent tous les jours
devant cette demande, changeant vingt fois de main
avant que les navires qui devaient les apporter du
Nouveau-Monde eussent seulement mis à la voile.
Aussi, les engagements commerciaux augmentèrent-
ils dans des proportions colossales. Au mois
d'août 1893, leur valeur effective, quoique fabu-
leuse, n'était rien en comparaison de leur valeur
nominale.

Le règlement de toutes ces dettes mercantiles,
reporté sans cesse à prochaine échéance, se trouvait

comme acculé à la fin de ce néfaste mois d'août lorsque, le 25, Carteaux, envoyé par la Convention pour faire rentrer sous le joug jacobin Marseille qui, suivant l'exemple de Toulon, s'était révoltée, défit les troupes marseillaises aux défilés de Septèmes et de Fabregoules et fit son entrée sur le Cours, entouré d'une multitude de patriotes pillant et saccageant. Tout s'arrêta, sauf la guillotine ; la majeure partie des papiers de commerce fut protestée, ni tireurs, ni endosseurs, ni tirés ne payèrent, et M. Pascal, le président du Tribunal de Commerce, passa ses nuits à l'audience sans pouvoir seulement suffire aux déclarations de faillite. La fortune de Marseille sombra dans cette fatale journée, car ceux qui voulurent à tout prix faire honneur à leur signature, n'ayant plus en mains que des papiers sans valeur, vendirent leur bien à vil prix. Chose curieuse, devant la chasse aux assignats faite par tout ce monde aux abois, ceux-ci, se raréfiant tout à coup, montèrent démesurément : mille louis d'or équivalant au 15 août 1793 à 650.000 francs de papier-monnaie, n'en représentèrent plus que 150.000 à la fin du mois, tandis qu'en décembre 1794 le louis d'or s'élevait subitement à 200 francs et que, pour payer une somme de 30 francs, le Ministre de la justice Merlin faisait compter au Tribunal 7.500 francs d'assignats vers le commencement de l'an III, comme on le verra plus loin.

On comprend que les fournisseurs de l'État cherchassent à se précautionner contre un agiotage pareil, et il ne se passe pas de jour que le Tribunal ne reçoive dans sa correspondance la demande du cours du change.

Le Chef des Approvisionnements de la Marine de Port-la-Montagne (ci-devant Toulon) au Président du Tribunal de Commerce de Marseille,

« Citoyen,

« Plusieurs marchés ont été faits par le service de la marine pour être payés en numéraire métallique de France et dans le cas où l'on ne trouverait pas des écus chez le payeur, en assignats au cours du change constaté par le certificat du Tribunal de Commerce de Marseille. Comme le trésor n'a pas de numéraire, fais moi connaître le dit cours et ce au moins deux fois par décade.

« Mariette à l'Original. »

AUTRE LETTRE

« L'agent maritime prie les citoyens juges du Tribunal de Commerce de vouloir bien faire fixer le cours du change du numéraire aux époques des 12 de ce mois et de ce jour.

« Il leur sera très obligé de mettre à l'expédition de cette pièce toute la célérité possible, pour éviter à la République une dépense plus considérable qu'occasionnerait le retard de paiement, attendu le discrédit progressif des assignats.

Marseille, le 24 pluviose an IV de la république une et indivisible.

« *Signé* : Pomme à l'original. »

Les particuliers ne sont pas moins pressants que l'Etat ; d'Aix, d'Arles, d'Avignon arrivent les mêmes demandes et le soin que met le Tribunal à y répondre montre qu'il est aussi digne de la confiance qu'on

MASSACRES DU 1ᵉʳ PRAIRIAL, AN III, DANS LE FORT SAINT-JEAN
d'après Girardel, gravure de Berthault.

Collection du Chateau Borely   Cliché E. Villard.

lui témoigne que capable d'accorder sa protection à qui la sollicite, fût-il un étranger (1).

Cette confiance, le président Pascal l'acheta par une terrible épreuve. Un jour Maignet, le féroce proconsul infligé à Marseille par la Convention, le mande à son cabinet.

— Demain, lui dit-il, le délégué aux subsistances doit payer en assignats de grosses fournitures ; on ira devant toi pour s'entendre du cours. Je compte sur ton civisme, citoyen président, pour ne pas laisser dépouiller la République.

— Sur mon civisme, je veux bien, citoyen représentant, mais pas sur ma conscience, répondit M. Pascal. « Sur ce mot » Maignet le congédia brusquement avec un geste qui lui était familier et qui

(1) Citoyens président et juges du Tribunal de Commerce.
Le citoyen Pierre Jouard de votre ville, qui a cédé son commerce à Hilaire Guillobert, me devant conformément le ci-joint extrait de mon grand-livre, attesté par mon serment, et vidimé par notre chancelier d'Etat, la somme de mille huit cent cinquante-neuf livres huit sols, les intérêts jusqu'à ce jour y compris, payable avec café, coton ou lettres de change sur Amsterdam, Londres ou Gênes, à défaut sur Paris au cours de notre place, et ne pouvant obtenir ni paiement ni réponse à mes lettres, je me trouve dans la nécessité de réclamer votre protection et d'invoquer votre justice, vous suppliant, respectables amis et alliés, d'ordonner que je sois payé sans autre retard et sans perte. Le papier sur Paris perd en ce moment 66 p. o/o. Les principes d'équité et de droiture et le désir de rendre justice des tribunaux de France me sont trop connus pour ne pas oser attendre avec toute confiance d'être gracieusement exaucé dans ma juste supplication, ayant le bonheur de me louer des expériences faites. Il répugnerait sans doute à vos sentiments vertueux de républicains de laisser souffrir un bon ami et fidèle allié de votre nation. Je prie Dieu qu'il la conserve, et vous citoyens président et juges comme ses dignes membres en prospérité et bénédiction.

Signé : Jean Conrad Stocker à l'original.

Zurich en Suisse, le 30 juillet 1794.

ne promettait rien de bon (1). L'intègre magistrat le comprit et, mettant ordre immédiatement à ses affaires, il remonta le lendemain courageusement sur son siège, prêt à faire tout son devoir. Ni le délégué aux subsistances, ni les fournisseurs ne parurent; devant l'attitude énergique du magistrat, il faut croire que les parties s'étaient sagement mises d'accord.

Ce trait et bien d'autres connus des patriotes n'augmentèrent pas, on le devine, auprès d'eux le civisme du Tribunal et de son Président. Le club de la rue Thubaneau fulminait tous les jours contre son modérantisme.

Pour échapper à ces accusations qui devenaient dangereuses surtout après l'entrée de Cartaux, le Tribunal eut l'idée de se mettre pour ainsi dire sous l'égide de la Convention en lui écrivant dans le style de l'époque la lettre suivante :

« Législateurs,

« C'est à votre justice que Marseille doit son nom (on sait qu'après sa révolte, Marseille ne s'appela plus que ville « sans nom », c'est à la restitution de ce nom confisqué, que cette phrase fait allusion). C'est à votre sagesse et à votre courage, Monta-gnards, que les Français doivent le salut de la République que vous avez tant de fois sauvée en déjouant les complots des méchants qui voulaient l'anéantir. Vous avez fait trembler nos ennemis ; vous donnerez la paix à l'Europe, vous ne la recevrez jamais de vils despotes et de leurs esclaves et obtiendrez après

_____

(1) Ce geste de Maignet consistait à passer obliquement ses doigts sur le cou en imitation fine, délicate et pleine de goût avec le couperet de la Guillotine. On attribue le même geste à Mouraille.

tant de siècles que la Raison, l'Egalité et la Liberté triomphent du crime et de l'erreur ? Continuez à bien mériter du peuple en restant à votre place jusqu'à ce qu'il puisse jouir du fruit de vos travaux. C'est avec la Convention Nationale que les bons républicains triompheront ou périront tous. »

Ce fut Granet qui se chargea de faire parvenir l'adresse à la Convention.

Les archives du Tribunal ne disent rien de l'effet qu'elle y produisit. Probablement il fut minime, car cette preuve de civisme ne désarma pas les délateurs et la santé du président Pascal devint chancelante à la suite de ces continuelles alarmes et violentes émotions.

Un soir, sortant de son audience quotidienne pour gagner sa campagne du Canet, où il vivait le plus retiré possible, une affluence considérable de curieux lui barra le passage à la hauteur de la rue Thubaneau, où se trouvait la Fontaine des Méduses. Comme il songeait à fuir ce rassemblement, un petit clerc d'avoué, Micoulin, qui a laissé de tristes souvenirs, l'aperçut et le poussant dans la foule lui dit : « Venès veire, Moussu Pascau, es mai un dei voustre que fa fallito ». Venez voir, M. Pascal, c'est encore un des vôtres qui fait faillite. Mis ainsi au premier rang, M. Pascal vit un de ses meilleurs amis que l'on pendait à la lanterne du Cours. A cette vue ses yeux se troublèrent, sa face se congestionna et il s'évanouit.

Comme on ne lui connaissait pas de parents en ville, quelqu'un suggéra l'idée de le porter au Tribunal. On le place sur une civière et on se dirige vers la rue Saint-Jaume. A peine arrivait-on à la place Maronne que le Président parut sur le point de rendre le dernier soupir. Les porteurs le déposèrent alors dans la boutique d'un sieur Coquelin,

Ce Coquelin était l'exécuteur des hautes-œuvres, autrement dit le bourreau de Marseille, qui partageait son temps entre le service de la guillotine, dressée en permanence sur le Cours à deux pas de son échoppe, et le raccommodage des jouets et des poupées cassés.

Comme M. Pascal sembla peu après reprendre ses sens, on en profita pour le transporter à sa campagne du Canet dont un ami appelé en toute hâte avait donné l'adresse, mais il expira en y arrivant.

Le lendemain, 3 Messidor an II de la République, les juges, ses collègues, écrivaient au Conseil général de la commune :

« Nous vous annonçons, Citoyens, la mort de Jules-André Pascal, président de notre Tribunal, recommandable par sa probité, ses vertus civiques et ses lumières.

« A ces titres qui honorent ses mânes, et en conformité de l'arrêté du Représentant du Peuple Maignet, en date du 9 Germinal dernier, nous osons nous flatter que vous voudrez bien, Citoyens, indiquer le lieu de sa sépulture et ordonner le mode de ses funérailles. »

Le lendemain les Corps constitués se rendirent de la Maison Commune à l'Autel de la Patrie, dressé sur le Cours, où l'éloge du défunt fut prononcé par le citoyen Fournier, premier juge.

Les fonctions de ce dernier qui prit la succession de M. Pascal, devinrent de plus en plus pénibles.

Le Comité de Salut Public ne se lassait pas un instant de tenir en haleine l'activité des officiers publics. A ce titre et en exécution du décret du 14 Frimaire de l'an II, toutes les décades devaient partir du Tribunal pour Paris le double de tous les jugements, de toutes les pièces comptables du greffe, la copie des lettres reçues ou envoyées ; en un mot, le rapport détaillé de ses moindres faits et gestes de chaque jour.

Mais là n'était pas le plus grand souci : tous ces pouvoirs nouvellement constitués avaient tous très bonne volonté mais très peu de pratique, et ils s'adressaient constamment au Tribunal de Commerce pour sortir d'embarras. Les conseils qu'on lui demande ou les ordres qu'on lui donne sont là tout à fait en dehors de son pouvoir ou de ses fonctions judiciaires mais ressortent du rôle de la Chambre de Commerce dont il a pris la suite.

Un jour, c'est Maignet qui lui demande un projet de tarif pour tous les objets de première nécessité qui peuvent être apportés par les bâtiments neutres (1), le lendemain c'est le président du Tribunal

(1) ÉGALITÉ — LIBERTÉ

A Marseille, le 8 ventose an II de la République Française une et indivisible.

Maignet, représentant du peuple français, envoyé dans les départements des Bouches-du-Rhône et de Vaucluse pour organiser le gouvernement révolutionnaire, aux citoyens composant le Tribunal de Commerce.

Je désirerais, Citoyens, que vous vous occupassiez de former un projet de tarif pour tous les objets de première nécessité, qui peuvent nous être apportés par des bâtiments neutres. Vos connaissances locales et commerciales, votre amour pour le bien public me font espérer que vous, vous chargerez avec empressement de cet important travail. Il peut être de la plus grande utilité pour les personnes chargées des approvisionnements. Ce tableau doit déterminer différents tarifs pour les divers chargements, il doit varier suivant les distances, être proportionné aux risques à courir. En un mot tous les obstacles doivent servir de base au prix estimatif.

J'attends incessamment de vous ce travail, qui ne peut qu'être avantageux à la République.

Salut et fraternité.

MAIGNET.

de Port-la-Montagne, ci-devant Toulon, qui veut savoir si la nation Toscane ou Livournaise doit être considérée comme neutre malgré la protection qu'elle accorde aux puissances coalisées (1). Une autre fois, c'est l'agent des subsistances et approvisionnements de la République qui le sollicite pour l'établissement du fret à quintal, charge et mesure du port de Celte à celui de Toulon ; il n'y a pas jusqu'aux renseignements politiques qu'on ne sollicite de lui. Et ce travail, qui demande du calme, de la tranquillité, du repos, doit être accompli au milieu de l'émeute qui gronde en permanence et au

(1)   LIBERTÉ – ÉGALITÉ

Le Tribunal de Commerce de Port de la Montagne au Tribunal de Marseille.

Citoyens, frères et amis,

Nous vous faisons part de notre installation au Tribunal de Commerce. Des circonstances passées dans cette Cité ont fait disparaître de notre Bureau toute espèce de papiers, lois et décrets susceptibles de nous donner des renseignements dans toutes les différentes affaires que nous avons à décider. Nous vous invitons à nous dire en réponse si nous devons envisager la nation Toscane ou Livournaise comme neutre malgré la protection qu'elle accorde aux puissances coalisées, nos ennemis, et si les marchandises qu'ils reçoivent sur bâtiment et pavillon neutre sortant d'un pays ennemi doivent être de bonne prise pour nos bâtiments républicains. Si vous avez quelque décret relatif à cet objet, nous vous invitons à vouloir bien nous les faire passer, en attendant que nous les recevions de la Convention, comme aussi de nous dire s'il existe quelque décret qui nous autorise à attribuer des appointements aux personnes attachées au tribunal, comme greffier, concierge, frais de bureau, etc., et quels sont à peu près les émoluments dont jouissent les vôtres.

Nous vous offrons fraternellement tout ce qui pourrait dépendre de nous dans toutes les circonstances.

Salut et fraternité.

Signé : BOUISSON, MATHIEU, Pierre BARATON à l'original.

Du port de la Montagne, le 21 messidor l'an II de la République Française une et indivisible.

milieu d'affaires commerciales de plus en plus difficiles et troublées. En effet, les quelques négociants
qui avaient, jusque-là encore, continué leurs opérations les arrêtèrent brusquement après la chute de
Toulon, alors surtout que fut établi à Marseille le
tribunal révolutionnaire chargé, d'après l'expression de Ferron, de faire danser la *Carmagnole* aux
négociants.

Le père de M. Lejourdan, que ma génération a si
longtemps connu comme secrétaire du Tribunal de
Commerce, refusa avec indignation de faire partie de
cette commission de sang et répondit au représentant
Albitte, qui l'en sollicitait « que Marseille n'avait
besoin que d'indulgence et de pain ».

Ce fut encore Lejourdan qui sauva le colonel
d'Ambert, officier de Royal Marine, d'une mort certaine, dans la rue Saint-Jeaume, à la porte même du
Tribunal. Comme la populace voulait l'écharper
pour quelques propos désobligeants qu'il avait tenus
à l'encontre de la garde nationale, Lejourdan qui
était petit, se fit porter à bras-le-corps par un sous-
officier de ce régiment qui se trouvait là par hasard
et, de cette tribune improvisée dominant la foule, il
parvint à la calmer et à tirer de ses mains le colonel
déjà à bout de force. Or, ce sous-officier n'était autre
que Bernadotte alors en garnison à Marseille qui se
trouvant à quelques années de là dans les salons de
Cambacérès, comme ministre de la guerre, reçut tout
à coup l'accolade d'un invité qu'il ne connaissait pas.
Sans le laisser revenir de sa surprise, Lejourdan, car
c'é-ait lui, lui dit : « Excusez-moi, mon général, je
n'ai pu résister au plaisir d'embrasser ma première
tribune aux harangues. » Lejourdan était à cette
époque tribun du peuple.

Pour en revenir au Tribunal Révolutionaire, le
nombre de ses victimes dans le commerce fut consi-

dérable et, par la correspondance du Tribunal, nous
voyons qu'à cette époque tous les chefs de Maisons
étaient ou en fuite ou sous les verroux, ou avaient
déjà payé leur tribut à la guillotine ; M. Fournier et
ses juges en étaient tremblants, aussi dès que le
9 thermidor eut amené la chute de Robespierre,
s'empressèrent-ils tous d'adresser leurs félicitations
à la Convention.

ÉGALITÉ — LIBERTÉ

« *Adresse des juges du Tribunal de Commerce*
de Marseille
à la Convention nationale.

« Citoyens représentants,

« Vous avez fixé la destinée d'une grande nation.
Les tyrans effrayés ne se sont réunis que pour laisser
à la postérité l'histoire de leur faiblesse et de leurs
crimes, celle de la grandeur, de la force et de la
justice du peuple français.

« En vain dans leur rage et dans leur désespoir
ont-ils secoué le flambeau de la discorde. Le peuple
a qui vous avez imprimé ce sentiment sublime de la
Liberté et de l'Égalité a fait servir leurs vains efforts
à l'affermissement de la république ; c'est en se
jouant des orages qu'ils ont suscité, que l'arbre de la
Liberté planté sur la montagne sainte, a poussé des
racines qui en assurent la durée et des rameaux qui
portent au loin son ombre salutaire.

« Sous des dehors trompeurs, des hypocrites ont
essayé de détruire votre ouvrage ; ils ont prononcé
le mot de vertu, quand le crime remplissait leur
âme, celui de liberté quand il forgeaient des fers à
leur patrie, celui d'égalité quand un flot d'orgueil la
rendait insupportable, celui de justice quand ils

voulaient faire servir les lois à satisfaire leur haine
et leur vengeance : votre vigilance a démasqué les
traîtres, votre fermeté, votre courage ont rendu leurs
efforts impuissants, la justice nationale les a frappés.

« Recevez, représentants, l'assurance de nos solli-
citudes pour les dangers que vous avez courus et
l'hommage de notre reconnaissance ; vous avez
encore une fois sauvé la Patrie. Vive la République,
Vive la Convention ; périssent les tyrans et les
conspirateurs.

« Signé : J.-B. FOURNIER, président; OLIVE cadet ;
Jules RICORD ; J. PIERRE ; Melchior REYNAUD ».

Le Convention décerna à cette adresse la mention
honorable et décréta qu'elle serait insérée au Bulletin
des lois.

Paris, le 11 fructidor, deuxième année républicaine.

LIBERTÉ, ÉGALITÉ, FRATERNITÉ OU LA MORT

CONVENTION NATIONALE

Commission des Dépêches

*Les Représentants du peuple composant la Commission
des dépêches aux Citoyens membres du Tribunal de
Commerce de Marseille.*

« Nous avons reçu, citoyens, l'adresse que vous
avez envoyée à la Convention Nationale, datée du
27 thermidor, relativement à la dernière conspiration de Robespierre et ses complices. Il lui en a

9

été fait rapport aujourd'hui et, elle a décrété la mention honorable et l'insertion au Bulletin.

« Salut et fraternité.

« *Signé* : DAUJON, membre de la Commission des dépêches, à l'original. »

Le Tribunal de Commerce de Marseille était désormais à l'abri de la loi des suspects, il va même devenir, dans certaines circonstances, l'auxiliaire politique du gouvernement.

ÉGALITÉ — LIBERTÉ

Marseille, le 18 frimaire, l'an IVe de la République française une et indivisible.

« *L'Agent national de la Commune de Marseille aux Citoyens Juges du Tribunal de Commerce.*

« Citoyens,

« D'après la lettre du commissaire provisoire du Directoire exécutif près le département des Bouches-du-Rhône, en date du 14 courant, par laquelle il me demande de lui rendre compte, en vertu de l'arrêté du commissaire du gouvernement, en date du 9 frimaire courant, de l'exécution de la loi du 3 brumaire dernier, qui exclut des fonctions publiques tous les citoyens qui, portés sur des listes d'émigrés, n'auraient pas obtenu leur radiation définitive, ou qui seraient atteints par quelqu'une des dispositions de la dite loi, principalement des articles 1, 2, 3, 6, 10 et 12.

« Je vous invite en conséquence de me faire connoître au plus tôt si quelques fonctionnaires publics auroient enfreint les dispositions de la loi précitée, ou ne s'y seroient pas conformés afin que je puisse, dans le plus bref délai, fournir les renseignements qui me sont demandés par le commissaire provisoire du Directoire exécutif, près le Département. Je pense qu'il est inutile de vous rappeler que votre responsabilité se trouverait compromise si vous négligiez de me fournir ses renseignements.

« Salut et fraternité.

« *Signé* : MONGENDRE, à l'original. »

LIBERTÉ — ÉGALITÉ

Marseille, le 22 vendémiaire, an III⁰ de la République une et indivisible.

« *L'Agent national du District aux Membres composant le Tribunal de Commerce.*

« Je vous remets ci-joints, citoyens, un exemplaire de l'arrêté des représentants du peuple Ferre et Anguis, en date du 21 courant relatif aux événements survenus à Marseille. Vous voudrez bien vous conformer à son contenu et notamment aux articles 4 et 9 et me faire passer toutes les pièces utiles pour l'introduction du procès criminel concernant la conspiration et les mouvements qui ont éclaté à Marseille et m'accuser la réception de la quantité d'exemplaires reçus

« Salut et fraternité.

« *Signé* : MONGENDRE. »

Le 5 ventôse de l'an III, on avertit le Tribunal de la création de faux assignats remontant au 7 vendémiaire de l'an II ; le 29 ventôse, on lui communique l'inventaire des papiers trouvés chez Robespierre et ses complices (1) ; le 12 floréal, la Société Populaire de Marseille, la même qui l'avait si souvent dénoncé comme incivique, l'invite à ses réunions, « comme très heureuse dit la lettre d'invitation de compter les magistrats du peuple au nombre de ses membres » ; on le convoque à toutes les fêtes civiques ; la fête de l'Agriculture, la fête des Epoux, la fête des Vieillards et même à la plus sinistre de toutes, la fête de l'anniversaire de la mort de Louis XVI.

« Citoyens, Président et Juges du Tribunal, vous êtes invités à vous rendre demain, 20 du courant, à 9 heures du matin, dans la salle de la Bourse pour l'exécution de l'arrêté du Directoire exécutif du 27 nivôse dernier, relatif à la célébration de la juste punition du dernier roi des Français. »

Le ministre de la Justice, Lambrecht, tient même énormément à ce que tous les magistrats assistent en costume à ces cérémonies dont il rappelle le but dans une longue circulaire :

« Les fêtes de la Liberté, dit-il, vous retracent la chute d'un pouvoir anarchique qui couvrait la France de deuil et de dévastation.

---

(1)   ÉGALITÉ. — LIBERTÉ.

Aix le 20 ventôse l'an III° de la République Française une et indivisible.

Les administrateurs du Département des Bouches-du-Rhône aux Citoyens composant le Tribunal de Commerce de Marseille,

Nous venons de recevoir de l'agence de l'envoy des lois, Citoyens, des exemplaires du rapport fait à la Convention nationale au nom de la Commission chargée de l'examen des papiers trouvés chez Robespierre et ses complices, dont l'un à votre adresse que nous nous empressons de vous faire transmettre, vous vous voudrez bien nous en accuser la Réception afin que nous puissions en certifier l'agence.

Salut et fraternité.

Signé : Espérial BERNARD à l'original.

« Celles du 18 fructidor célèbre les mesures à la fois prudentes et courageuses qui confondirent le royalisme et brisèrent les poignards déjà teints du sang des républicains.

« La fête de la fondation de la République est l'anniversaire d'un jour qui commence pour le monde l'ère nouvelle de la liberté.

« Les autres, telles que la fête de la Jeunesse, des Epoux, des Vieillards, de l'Agriculture, si elles n'ont pas pour but de rappeler nos périls et notre gloire n'en tendent pas moins à nourrir chez tous les Français le germe des vertus sociales, etc. »

Dans toutes ces fêtes le Tribunal prenait rang après la Marine (1).

Enfin on fait appel à son influence pour donner de l'activité à notre marine qui se meurt.

« *Le Comité du Salut Public aux Membres du Tribunal de Commerce de Marseille,*

« Le Comité du Salut Public voit avec peine, Citoyens, la stagnation du Commerce dans votre

---

(1)   LIBERTÉ. — ÉGALITÉ.

Bureau des Travaux Publics

Marseille le 21 thermidor an III° de la République Française une et indivisible.

Les Officiers Municipaux aux Citoyens composant le Tribunal de Commerce,

D'après les décrets de la Convention nationale, nous avons à célébrer la fête du 10 août, qui correspond au 23 du courant, elle aura lieu à la place, ci-devant, de la paille, nous vous invitons de vous rendre au Cours à 5 heures très précises, où vous prendrez rang après l'administration de la Marine.

Salut et fraternité.

Signé : DANVAULE, BONNARDEL, officiers municipaux
à l'original.

port ; il s'occupe sans cesse des moyens propres à
le ranimer, mais il est toujours arrêté par les dangers évidents auxquels les navires seraient exposés
dans leur navigation.

« Le nombre des vaisseaux, frégates et corsaires
ennemis est tellement supérieur à tout ce que nous
pouvons leur opposer, que la prudence commande
souvent une inertie fatale au succès de notre
commerce maritime. Pensant que le meilleur moyen
de l'activer est d'armer de nombreux corsaires, le
Comité du Salut Public vous autorise, Citoyens, à
stimuler le zèle, le civisme et l'intérêt personnel des
armateurs et négociants... Dites leur que l'Etat
saura distinguer ceux qui se dévoueront à ce service
et que, sous un gouvernement sage et juste, le zèle,
même le zèle malheureux trouve toujours sa
récompense. »

Le zèle des négociants marseillais avait certainement besoin d'autres réconfortants car nous voyons
que pour ravitailler l'Isle de Malte le Ministre du
Commerce est obligé d'offrir plus qu'une récompense
honorifique mais des primes, selon la lettre suivante :

Le 21 vendémiaire an VII.

*Au Président du Tribunal de Commerce
de Marseille,*

« L'état de pénurie dans lequel se trouve en ce
moment l'isle de Malte, offre, Citoyen, aux négociants et armateurs de Marseille une belle occasion
de satisfaire leurs intérêts et de servir la chose
publique.

« Les expéditions de toute sorte de comestibles
qui seront faites pour cette isle ne peuvent qu'être
infiniment avantageuses par rapport à la valeur
que ces objets y ont acquis.

« Bien pénétré de la nécessité de protéger le Commerce, de l'encourager dans toutes les circonstances et particulièrement lorsque ses spéculations tendent à remplir les vues du Gouvernement, je suis décidé, Citoyen, à ajouter des primes aux bénéfices que présentent déjà aux armateurs leurs expéditions pour Malte.

« Je vous adresse en conséquence et je vous prie de faire connaître à vos concitoyens la note des conditions que je souscris en faveur des négociants qui y voudront envoyer des comestibles. »

Les bénéfices que l'on fait luire et les primes que l'on promet ne sont même pas suffisants pour enhardir les Marseillais, il faut que l'amiral Bruix charge le Tribunal de les tranquilliser.

Toulon, le 28 floréal an VII de la République Française une et indivisible.

« L'Amiral de l'armée navale aux membres composant le Tribunal de Commerce de Marseille,

« Je vous informe, Citoyens, que l'armée navale est mouillée en rade de Toulon depuis le 24. Elle fera respecter le pavillon national, protègera le Commerce Maritime et l'arrivage des subsistances, éloignera des côtes tous les croiseurs ennemis, et notre force importante apprendra bientôt aux escadres combinés que la République a encore une marine capable de déconcerter leurs projets.

« Annoncez cette nouvelle à tous les négociants de votre arrondissement ; qu'ils se rassurent, que toutes les craintes se dissipent. Des revers momentanés n'abattent point des républicains, ils ont pour eux le présage de la victoire.

« Salut et fraternité.

Signé : Bruix.

On sollicite les lumières du Tribunal pour des objets encore plus vastes et qui supposent chez lui la science universelle. Écoutez :

LIBERTÉ. — ÉGALITÉ.

BUREAU DES TRAVAUX PUBLICS

Marseille, le 5 pluviôse an IV de la République une et indivisible.

« Les Officiers Municipaux aux Citoyens-Membres composant le Tribunal de Commerce.

« Citoyens,

« Nous venons de recevoir une lettre des Administrateurs du département qui nous font part d'une Circulaire du Ministre de l'Intérieur, en date du 22 brumaire dernier, par laquelle il développe ses sentiments en entier pour le bien public. Il désire d'être éclairé sur bien des objets pour parvenir à faire le bien que vous avez le droit d'attendre de la constitution républicaine. En conséquence, vous voudrez bien nous envoyer un tableau de tout ce qui a rapport à l'agriculture, aux desséchements, à la navigation intérieure, au commerce et à l'industrie, aux fabriques et manufactures et généralement à tous les objets qui peuvent féconder notre territoire et employer plus utilement l'activité de ceux qui l'habitent. Nous espérons que vous ne mettrez aucun retard à notre demande.

« Salut et fraternité.

« *Signé* : BERNARD, off. mᵃˡ ; DAUMAS, off. mᵃˡ ; à l'original ».

Comme ce vaste programme n'est probablement pas suffisant à alimenter les loisirs du Tribunal, le Ministre de la Marine lui demande un rapport sur la pêche du corail et sur les causes qui en ont fait départir les pêcheurs français.

ÉGALITÉ. — LIBERTÉ

BUREAU DES GENS DE MER

Paris, le 5 germinal an IV de la République Française une et indivisible.

« *Le Ministre de la Marine et des Colonies aux Membres du Tribunal de Commerce à Marseille,*

« La pêche du corail occupait autrefois, Citoyens, un assez grand nombre de pêcheurs et alimentait plusieurs manufactures; outre celle qui se faisait sur nos côtes et principalement à Saint-Tropez, les Français étaient en usage d'aller aussi la faire au Bastion de France en Afrique, exclusivement même aux autres nations. L'exploitation de cette branche de commerce avait été confiée à une Compagnie; il paraît que les Génois et autres peuples, nos voisins, sont parvenus à s'emparer de la pêche et du commerce des coraux qu'ils portent dans le Levant et en rapportent en échange des denrées qu'ils viennent ensuite nous vendre. Tout bon républicain doit gémir de voir des étrangers profiter des avantages que la position de notre sol semble nous offrir plutôt qu'à eux. Il importe donc de savoir pourquoi cette branche d'industrie a été négligée et abandonnée par les Français, et quels seraient les moyens de lui rendre son activité. Je vous prie de me donner sur ce point tous les détails et renseignements que me font espérer vos lumières et votre attachement aux vrais intérêts de la Patrie.

« *Signé* : TRUGUET à l'original. »

Il faut croire que, devant ce travail acharné, le zèle du Tribunal avait faibli, car nous trouvons la lettre suivante du citoyen maire Servel, adressée le 27 frimaire an IV, à Jean-François Dunant, président, ainsi qu'aux autres membres du Tribunal.

« Citoyens, hier et aujourd'hui l'audience n'a pu avoir lieu faute de votre présence. Vous devez comprendre combien le public souffre par ce retard. Je vous invite donc à venir remplir vos fonctions en vertu de l'arrêté du commissaire du gouvernement dont vous avez eu la connaissance par la lettre du Procureur syndic. »

Bien plus, le Tribunal tout entier, son président Aubin en tête, donne, un an plus tard, sa démission, heureux du prétexte que lui fournit la loi du 19 fructidor an VI cassant toutes les élections comme frauduleuses.

Ici, c'est le pouvoir militaire, le général Sahuguet, commandant Marseille, qui requiert les juges du Tribunal de remonter sur leur siège et le ministère de la justice qui leur écrit : « Je vous invite à réparer le mal accidentel que vous avez causé en reprenant sans délai vos fonctions. »

C'est qu'il fallait avoir l'amour du bien public poussé à un haut degré pour résister à la fatigue de tant de travaux avec une installation des plus rudimentaires et défectueuses.

En effet, le Tribunal tenait alors ses séances à la rue Saint-Jaume, n° 6, au 1ᵉʳ étage ; tout son mobilier, j'ai honte de le dire, se composait de six fauteuils, enlevés lors du pillage de l'hôtel Dieudé, et que M. Dieudé vint reprendre lorsqu'il se fut fait radier de la liste des émigrés suivant une décharge en bonne et due forme encore au greffe La magistrature consulaire se trouva dès lors tout à fait debout et ce n'était certes pas avec la modique somme qu'on lui allouait qu'elle aurait pu s'asseoir confortablement.

En effet, le 2 thermidor an IV, les administrateurs du département écrivent au président :

« Nous te prévenons, Citoyen, que le Ministre de la Justice vient de nous faire passer l'état du troisième trimestre sur lequel les Tribunaux de notre département sont compris pour 450 francs, valeur fixe qui doit être répartie aux six Tribunaux, ce qui fait 75 francs pour ton Tribunal. »

D'ailleurs voici la lettre du ministre de la justice qui donne exactement un aperçu de la munificence de l'État vis-à-vis du Tribunal. Cette lettre est aussi intéressante au sujet des appointements du greffier dont le Président demandait à cor et à cris le paiement.

Paris, le 8 germinal an V de la République française une et indivisible.

« Le Ministre de la Justice aux Citoyens juges
du Tribunal de Commerce de Marseille,

« J'ai examiné, Citoyens, les états que vous m'avez adressés des menues dépenses de votre tribunal pour les trois derniers trimestres de l'an IV, montant à la somme de F. 1.042,26 en numéraire.

« Dans le crédit supplémentaire que le corps législatif m'a ouvert à ce sujet, il a fixé à 600 francs par an les menues dépenses des Tribunaux de Commerce quelle que soit la population de la commune où ils rendent la justice et c'est d'après cette fixation qu'a été déterminé le supplément pour les trois derniers trimestres de l'an IV, déduction faite des sommes que j'ai ordonnancées pendant les trois derniers trimestres calculées en numéraire métallique suivant les cours existant au moment de l'ouverture de mes crédits.

« Savoir :

«Pour le trimestre de nivôse 7.500 francs en assignats qu'à raison de 6.000 la pièce de 24 francs donnent cy...................... F. 30 »

« Pour le trimestre de germinal, 75 mandats au cours de 5 francs les 100 mandats... 3 75

« Pour le supplément en vertu de la loi du 2 messidor, 50 au cours de 5............. 2 50

« N°   l'indemnité due au concierge pour le mois prairial est à prendre sur ce supplément. Pour le trimestre de messidor, 75 mandats à prélever sur cette somme celle de 25 francs qui, à raison de 300 francs par an forme la moitié du traitement du concierge pour les mois thermidor et fructidor et qui doit être payée en numéraire suivant la loi du 18 thermidor.

« Reste en mandats, valeur nominale, 50 à 3 o/o............................. 1 50

« Total en numéraire......... F. 62 50

« D'après cet état de choses, je ne peux allouer à votre Tribunal que la somme supplémentaire de 387 fr. 25 centimes faisant avec celle de fr. 62.75 ce que conformément aux états adressés à l'administration centrale il a dû recevoir tant en numéraire métallique qu'en assignats et en mandats réduits en numéraire, celle de quatre cent cinquante francs, qui font les trois tiers de la somme allouée par an.

« Je viens en conséquence d'ouvrir un crédit de cette somme de trois cent quatre-vingt-sept francs vingt-cinq centimes en numéraire à l'Administration centrale et de l'autoriser à en délivrer son mandat à votre greffier soit sur le payement général du département soit sur l'un de ses préposés.

« L'indemnité pour le mois messidor due au concierge en vertu de la loi du 24 messidor devra être prise sur celle de 387 fr. 25.

« Vous réclamiez en même temps, citoyens, un traitement en faveur du greffier de votre Tribunal, c'est avec regret que je ne puis accueillir votre réclamation attendu qu'aucune loi nouvelle n'a accordé de traitement aux greffier des Tribunaux de Commerce. Je dois même vous observer que dans les états de la commission des dépenses du conseil des 500 qui doivent être suivis provisoirement en exécution de la loi du 2 nivôse dernier, il n'est alloué aucun traitement aux greffiers des Tribunaux de Commerce sur le motif que les émoluments du greffe doivent leur en tenir lieu.

« Salut et Fraternité

« Le Ministre de la Justice
« *Signé* : MERLIN à l'original ».

Et c'était avec ces faibles ressources qu'il fallait subvenir à l'entretien du local et aux appointements de l'unique Lazarin qui remplissait à lui tout seul l'office de concierge, d'appariteur, d'huissier-audiencier et de gendarme à l'occasion.

L'escalier qui conduisait à la salle d'audience de la rue Saint-Jaume était, en effet, le rendez-vous

d'une colonie de gamins en rupture d'école qui, par
leurs disputes et leurs cris, troublaient la sérénité de
la justice et le silence des audiences.

Sur un signe du président Siau, qui était très irri-
table, Lazarin se précipitant délogeait cette marmaille
qui protestait fortement comme l'on pense et qui
gardait rancune au président de ces exécutions som-
maires ; aussi, lorsque après l'audience M. Siau, tiré
à quatre épingles ; les culottes courtes, les bas tendus
sur de faux mollets bien rebondis regagnait la
Bourse, la gent gamineuse se glissait sournoisement
sur ses pas et plantait force épingles surmontées d'un
petit drapeau dans les faux mollets du président qui,
en arrivant à la Bourse ainsi barbelé, soulevait
l'hilarité générale à sa grande fureur.

Il fallait pourtant payer Lazarin qui demandait à
lui tout seul 600 francs par an. M. Siau s'en tira en
mettant une taxe de 10 francs sur toute expédition
de jugement, mais il avait compté sans son hôte, en,
l'espèce le Ministre de la Justice, le trop célèbre
Merlin, qui lui écrivit :

« Je ne puis approuver, Citoyen président, votre
taxe de 10 francs par expédition de jugement pour
satisfaire aux gages de votre concierge. Quelque
louables que soient les motifs de cette mesure, elle ne
saurait être regardée que comme une concussion dont
il est indispensable d'arrêter le cours sur le champ. »

Je n'ai pu trouver dans les archives comment le
Tribunal réussit à vivre avec une pareille parcimonie
des pouvoirs publics. Il n'est plus même fait état de
ses comptes jusqu'aux années 1804, 1805, 1806 pour
lesquelles le Tribunal reçut pour tous ses frais
fr. 191,66.

Mais dès l'année 1807 le Tribunal perd patience et
écrit au préfet Thibaudot la lettre suivante, le
1er juillet.

Le 1ᵉʳ juillet 1807.

*« Le Président et Juges du Tribunal de Commerce à
M. le Conseiller d'État, Préfet du Département des
Bouches-du-Rhône, commandant de la Légion
d'Honneur à Marseille;*

« M. le Conseiller d'État,

« Depuis que nos audiences sont publiques, il a
été reconnu que la salle dans laquelle nous les
tenons ne peut souvent contenir la quantité de
personnes qui y sont journellement appelées soit
par leurs propres affaires, soit par l'intérêt que l'on
prend à celles d'autrui, soit par le désir de s'instruire. Nous n'avons aussi que trop éprouvé que,
pendant l'été, on ne pouvait tenir dans cette salle à
cause de la grande chaleur, augmentée par la
réunion de tant d'individus et à cause des exhalai-
sons qu'il fallait respirer pendant plusieurs heures
consécutives. Pour parer à ces inconvénients nous
avons engagé le propriétaire de la maison dans
laquelle se trouve notre Tribunal à donner plus
d'étendue à la salle d'audience. Il a reconnu la légitimité de notre demande et il l'a réalisée avec
empressement. Il a en conséquence ajouté à cette
salle toute l'étendue dont elle était susceptible en la
prolongeant de plus des deux tiers. Cette prolonga-
tion à laquelle il a fallu donner sur le fond une
forme demi-circulaire à cause de la localité, et parce
que par cette forme les juges étant plus rapprochés
les uns des autres pourront conférer plus aisément
entre eux, nécessite une dépense pour dix sièges ou
fauteuils, pour une tapisserie au moins en papier,
pour quelques autres petits objets. Pour y subvenir
nous sommes dans le cas d'invoquer la munificence
du gouvernement et votre appui auprès de lui. Nous

entrevoyons que cette dépense sera de peu d'importance, mais nous ne pouvons guère l'évaluer par nous-mêmes. Pour en avoir une donnée plus exacte, si, comme nous avons lieu de le croire, vous la jugez nécessaire, nous aurions à vous prier de la faire évaluer par une personne digne de confiance.

« L'intérêt que vous ne cessez de prendre à tout ce qui regarde nos concitoyens nous persuade que vous voudrez bien correspondre à la demande que nous vous faisons pour qu'un Tribunal de Commerce aussi fréquenté et aussi utile que celui de Marseille, ait une salle d'audience qui, au moins par sa simplicité, fasse apercevoir à tant de plaideurs qu'ils sont dans un des temples de la justice.

« Veuillez bien, M. le Conseiller d'État, agréer l'assurance des sentiments avec lesquels nous avons l'honneur de vous saluer. »

A cette lettre le Préfet Conseiller d'État répond le 24 octobre que Sa Majesté l'Empereur a alloué dans le budget du département de la présente année une somme de 200 francs pour être affectée aux frais d'entretien, d'ameublement et de réparation du prétoire !

200 francs ! C'était maigre. Le Tribunal fit faire les aménagements prévus et demandés et envoya la note à M. le Préfet. Elle s'élevait au quintuple. Le département paya sans mot dire. Il savait, en effet, les immenses services que rendait le Tribunal qui déjà à cette époque jugeait 2.800 affaires par an en dehors de celles pour lesquelles il avait remplacé l'Amirauté, c'est-à-dire la liquidation des prises des corsaires, les certificats de neutralisation et les autorisations d'armer en course.

Or, ce serait une erreur de croire qu'avec notre marine impuissante la liquidation de ces prises fut une sinécure.

B.-M. ÉMERIGON
Auteur du Traité des Assurances.

Collection du Château Bordy. — Cliché E. Villard.

A une demande que fait le représentant du peuple, Mariette, au sujet de ces prises le Tribunal répond le 1ᵉʳ nivôse de l'an III qu'il y a en ce moment dans le port de Marseille 42 bâtiments capturés sur l'ennemi.

Marseille le 24 frimaire an IIIᵉ de la République Française une et indivisible.

« Le Représentant du peuple envoyé par la Convention Nationale dans les ports de la Méditerranée au Citoyen Président du Tribunal de Commerce séant à Marseille.

« Citoyen,

« J'ai besoin de connaître le nombre des prises entrées dans le port de Marseille et l'usage qui en a été fait. Tu voudras bien me faire parvenir dans le plus court délai les renseignements qu'il est en ton pouvoir de me fournir sur ces deux objets. Fais moi passer avec l'état de ces prises copié des inventaires qui ont dû être dressés. Si cette mesure avait été négligée jusqu'ici, je te requiers d'ordonner qu'elle soit prise sur le champ et de m'en adresser le résultat aussitôt qu'elle aura reçu son exécution.

« Salut et Fraternité.

« *Signé* : MARIETTE à l'Original.

LIBERTÉ. — ÉGALITÉ.

Marseille, le 1ᵉʳ nivôse an III de la République une et indivisible.

« Le Président du Tribunal de Commerce de Marseille au Citoyen représentant du peuple, Mariette,

« Citoyen représentant,

« Conformément aux ordres donnés dans ta lettre du 24 frimaire, je te fais passer ci-joint l'état général

10

ou tableau de toutes les prises entrées dans le port
de Marseille ainsi que l'état particulier de chaque
cargaison depuis le n° 1 jusqu'au 42. Si tu as besoin
d'autres renseignements, je te les fournirai, etc.

« Salut et fraternité.

« J.-B^te FOURNIER. »

Chacune de ces prises donnait lieu d'abord à un
jugement la validant ou l'invalidant; ensuite, à un
inventaire, à une vente, à un partage entre le capitaine et l'équipage, le tout au milieu des plaintes de
l'un et des récriminations des autres. Mais c'était pis
lorsque le propriétaire étranger du bateau saisi
faisait opposition au jugement de validité. Alors,
l'équipage appuyé quelquefois par le représentant du
peuple, intimait des ordres au président, dont ce
dernier, il va sans dire, ne tenait nul compte, mais
qui n'en étaient pas moins un grand sujet de
trouble.

Ce droit de prononcer sur la validité ou l'invalidité
des prises avait été donné au Tribunal par le représentant Mariette. L'arrêté ne se trouve pas aux
archives mais la lettre suivante constate tout au
moins son existence.

LIBERTÉ. — ÉGALITÉ.

Marseille, le 30 floréal an III de la République
une et indivisible.

« *L'agent maritime aux Citoyens Membres composant
le Tribunal de Commerce,*

« Citoyens,

« Informé que, par arrêté du représentant du
peuple, Mariette, vous êtes autorisés à prononcer
sur la validité ou l'invalidité des prises qui arrivent

à Marseille, je vous prie de vouloir bien procéder au jugement de la prise anglaise, le *Triton*, capitaine Hodder, faite par le brick de la République, l'*Alerte*, et amenée en ce port sous le commandement du capitaine Jh Maurin qui a dû vous remettre la procédure préparatoire du juge de paix.

« Je vous serai obligé, Citoyens, de me faire parvenir un exemplaire de l'arrêté précité.

« Salut et fraternité.

« Signé : POMME. »

De même, le droit pour le Tribunal de se prononcer sur la neutralisation des bâtiments lui fut octroyé par la Commission de la Marine et des Colonies le 25 vendémiaire an IV, et ce ne fut pas une minime preuve de confiance que lui donna le gouvernement comme on le verra par la lettre suivante qui explique le fort et le faible de cette mesure.

LIBERTÉ. — ÉGALITÉ.

BUREAU DE LA POLICE DE LA NAVIGATION

« *La Commission de la Marine et des Colonies aux Citoyens composant le Tribunal de Commerce de Marseille,*

« Le Gouvernement a fixé sa sollicitude sur les moyens de ranimer le commerce d'importation des effets de première nécessité et de tirer parti à cet effet des bâtiments français ou de ceux provenant des prises faites sur l'ennemi. Ce genre de navigation ne peut avoir lieu qu'à l'abri des pavillons neutres et l'on ne peut se dissimuler les abus que la cupidité et l'intérêt personnel feraient naître pour dénaturer ces bâtiments et pour en frustrer le commerce national, au mépris de toutes les lois qui prohibent leur aliénation aux étrangers. Les négociants autorisés à neutraliser leurs bâtiments destinés à naviguer de port neutre à port français et respectivement sont tenus, aux termes de l'arrêté du 30 frimaire, à fournir un cautionnement qui garantisse, au retour de la paix, la refrancisation de ces navires; mais d'une part ce cautionnement ne peut être calculé de manière à être toujours proportionné à la valeur réelle des bâtiments et de l'autre il est à craindre que, parvenus dans les ports neutres de leur destination ou dans ceux de relâche, ces bâtiments ne soient, sous le plus léger prétexte, déclarés hors de service et condamnés comme tels, d'après des procès-verbaux de visite qui, bien que frauduleux, offriraient un caractère inattaquable d'authenticité et fourniraient à la cupidité étrangère et à la malveillance qui la féconderait, les moyens de priver le commerce national de ses plus précieux instruments. Il est donc intéressant, Citoyens, de veiller à ce que les armements simulés de ce genre ne puissent être confiés qu'à des négociants dont la moralité et la solvabilité sont bien connues et surtout de vérifier autant que faire se pourra quels sont les véritables intéressés dans ces sortes d'expéditions où les étrangers sont à portée de verser à peu de frais des capitaux immenses, ce qui donne toujours lieu d'appréhender qu'ils ne fassent leurs efforts pour envahir successivement toutes les ressources de notre commerce maritime et pour continuer même au retour de la paix à faire exclusivement le grand cabotage.

« Pénétré du désir de seconder les vues du Gouvernement qui veut réchauffer l'industrie et raviver le commerce, je désirerais cependant concilier ces déterminations bienfaisantes avec toutes les mesures de prudence que l'intérêt même du commerce semble prescrire.

« Vous pouvez m'aider efficacement à accomplir ce projet et à éclaircir la religion du comité de salut public. J'invoque avec confiance votre civisme et vos lumières.

« Vous trouverez ci-joint une liste nominative de tous les bâtiments appartenant à la Place de Marseille qui ont été neutralisés jusqu'à ce jour et cette liste vous fera connaître le nom des individus auxquels cette faveur a été accordée.

« Aucune neutralisation ne sera faite à l'avenir sans que cette formalité soit observée.

« Dans le cas où vous verriez quelque inconvénient à ce qu'il soit donné suite à quelqu'une des neutralisations déjà faites ; dans le cas où les armateurs et leurs cautions ne passeraient pas pour solvables ; dans le cas enfin où leur conduite politique inspirerait une juste méfiance, je vous invite à me donner sans ménagement et sans particularité votre avis à ce sujet. . . . .

« Je n'ai pas besoin de vous recommander la discrétion que cette matière exige, les intérêts du commerce sont dans cette circonstance étroitement liés aux dispositions du Gouvernement. Vous avez mérité déjà la confiance des citoyens qui courent cette utile carrière et j'ose espérer que ma sollicitude pour leurs intérêts privés et pour l'intérêt général me donnera quelques droits à la vôtre.

« *Signé* : RENON à l'original ».

Dès lors les demandes de renseignements ne cessent pas d'être faites au Tribunal. J'en cite une qui se réfère à des noms encore bien connus aujourd'hui.

LIBERTÉ — EGALITÉ

Marseille, le 13 prairial an IVᵐᵉ de la République française.

« Le Commissaire en chef de la Marine aux Citoyens
Juges du Tribunal de Commerce de Marseille,

« Citoyens,

« Je vous adresse ci-joint une demande de neutralisation présentée par la Vᵛᵉ Rabaud et Compagnie,
négociants de cette commune, qui pour garantie de
leurs obligations offrent pour caution les citoyens
Fraissinet et Cᵒ.

« Je vous prie de me donner votre avis sur la
moralité des uns et des autres.

« Salut et fraternité.

« *Signé :* POMME à l'original ».

Et les Juges du Commerce méritaient cette confiance quoiqu'ils ne fussent pas tous sortis du choix
de leurs pairs. En effet, dans les premiers temps qui
suivirent le décret du 16 août 1790, la nomination
du président et des juges fut laissée à l'assemblée
des notables négociants, banquiers, commerçants,
capitaines ; mais comme avec les jours troublés les
vocations se firent plus rares, les représentants du
peuple procédèrent eux-mêmes à ces nominations,

Le troisième jour complémentaire de l'an III, le
représentant Guérin écrit au Tribunal :

« Je vous adresse, Citoyens, l'arrêté que j'ai pris
par lequel j'ai nommé juge le citoyen Antoine
Martin au lieu et place du citoyen Lepeintre ».

Mais en l'an XI de la République et avec Martin
Complan, les temps étant devenus meilleurs, on
retourna au mode primitif d'élection du président

et des juges par l'assemblée des notables. Ce Martin Compian, qui resta près de neuf ans président, était homme compatissant et de grand sens. Au plus fort de la tourmente révolutionnaire, il cacha dans sa maison des Allées trois prêtres de l'Oratoire, ses anciens professeurs, et cette cachette était si bien dissimulée que ce n'est qu'en démolissant la maison plus tard qu'on la retrouva. Son frère était prévôt du Chapitre et fut choisi par Mgr de Cissey, lors du rétablissement du culte, pour rouvrir les églises et installer le nouveau clergé.

Ce fut sous sa présidence que Bonaparte fit prêter devant la Cour d'appel le serment que les juges prêtaient jusque-là entre les mains de leur président et, à partir de 1806, qu'il donna l'investiture par décret impérial après leur élection par les notables.

Bonaparte, du reste, aimait les Juges de Commerce. C'est à l'instigation des Clary, ses parents, qui en avait fait partie, que par son arrêté du 28 germinal an IX, il les autorisa à élire parmi les notabilités commerciales un jury dit du commerce à l'effet de pourvoir aux charges d'agents de change et de courtiers devenues vacantes, jury qui se réunissait tous les trois mois sur la convocation du Tribunal.

Il devait faire plus : il devait leur donner le Code de commerce, cette mise à jour et au point, si je puis m'exprimer ainsi, faite par quatre négociants dont deux juges consulaires, de tous les droits que les anciens usages, les vieilles coutumes, les ordonnances de nos rois avaient octroyés aux marchands et qui étaient restés compatibles avec l'esprit moderne.

Avec la promulgation du Code de commerce s'arrête l'histoire ancienne du Tribunal et commence son histoire contemporaine qu'il me reste mainte-

nant à raconter. Les hommes et les choses y sont
plus près de nous et partant mieux connus. Si l'historien y gagne en facilité, à cause du peu de profon-
deur où sont enfouis les documents, son pinceau a
besoin d'employer des teintes plus délicates et d'user
de touches plus fines. Je tâcherai de ne faillir ni à
l'une ni à l'autre de ces obligations.

JEAN ESTRANGIN
Avocat
Auteur d'un commentaire du Traité du Contrat d'assurance de Pothier.

TROISIÈME PARTIE

LE TRIBUNAL CONSULAIRE DURANT LE XIX⁰ SIÈCLE

Le président Martin Compian. — Lutte du greffier Trouilhas contre le Tribunal. — Jugement de la Cour de 1818. — Le président Rostand. — Budget du Tribunal. — Local de la rue Saint-Jaume. — Prison pour dettes. — Installation du Tribunal dans le Palais de la Bourse. — Mort du président Rivoire. — Cinquième centenaire du Tribunal.

La considération dont jouissait le Tribunal consulaire au commencement du siècle passé devait être grande si j'en juge par celle que s'était acquise son président, Martin Compian.

« *Farai parla Moussu Martin* », criait dans sa foi robuste de marin, le corsaire Hugues au capitaine du port, qui lui contestait une de ses prises faite dans les eaux de Mahon.

C'est que faire parler (faire juger) M. Martin était pour nos pères « l'ultima ratio » de leur bon droit.

Descendant de ce Compian dont j'ai conté plus haut l'histoire, le président Martin ne plaisantait pas, en effet, et par son influence auprès des Pouvoirs publics, dont il devint plus tard le représentant, il savait faire respecter ses ordonnances et ses jugements, qu'il émaillait au besoin de ces expressions, apostrophes et conclusions de gros bon sens marseillais que Bénédict fit si souvent servir à la

gloire de son immortel *Chichois ;* tel le qualificatif
légendaire cousu au revers de ce M. Sibié, meunier
compromis dans une affaire de blé volé, que M. le
président appelait « *aqueou que si fasié farino doou
blad de Moussu Long* » ; ou encore son expression
bien connue « *Es un ga negre* », dont il désignait le
témoin de maigre importance ou même de mauvaise
foi ; et enfin cette ironique conclusion de ses jugements à l'encontre d'un failli en fuite : « *S'a pas
pousqu sauva la plaço, tandaumen a sauva sa
carcasso* ».

Martin Compian quitta la présidence du Tribunal
pour celle du Conseil de Préfecture vers l'époque où
fut promulgué le nouveau Code de commerce qui
devait inaugurer cette solide et féconde jurisprudence qu'une pléiade d'esprits supérieurs sortie du
monde du barreau et des affaires, allait aider un
siècle durant à édifier. Des avocats spéciaux au
commerce commencent, en effet, pour la première
fois à se montrer, Estrangin en tête avec son *Traité
des Assurances* qui lui vaut du Tribunal cette lettre
du 3 juillet 1810.

« Monsieur, d'après l'idée bien juste et bien méritée que nous avons de vos lumières, votre ouvrage
nous paraît digne d'être placé à côté de ceux des
auteurs les plus distingués qui ont écrit sur la matière
et qui nous servent de guides dans nos décisions,
nous le regardons comme très précieux pour nous
et nos successeurs. »

Sortis du reste des troubles révolutionnaires, les
hommes qui composent le Tribunal à cette époque
grandissent eux aussi avec l'autorité partout renaissante. Par le jury du commerce auquel ils nomment
les négociants les plus honorables et les plus en vue

s'accroît leur influence, car le jury du commerce pourvoit aux places vacantes des agents de change et des courtiers impériaux; Leur dignité s'accroît aussi, du soin qu'ils apportent à la défendre.

Au Procureur Impérial près la Cour qui leur demande le 14 janvier 1809 des explications au sujet de la plainte d'un justiciable, ils répondent fièrement:

« ......, d'après cet exposé vrai, vous reconnaîtrez aisément, Monsieur, la foi que vous devez accorder aux inculpations aussi irréfléchies qu'indecentes du sieur Beauchamp ; s'il voulait mieux nous connaître il saurait que nous ne nous écartons jamais des principes de la justice ; que dans son sanctuaire nous ne connaissons personne ; que ceux de nos collègues qui sont assez souvent dans le cas d'avoir des procès n'éprouvent de notre part pas plus d'égards que les autres plaideurs... Au reste notre justification repose dans notre conscience et dans la confiance que nous accordent nos concitoyens et que nous cherchons à mériter. »

Quant à leur autorité ces Consuls savent au besoin dicter sa ligne de conduite au Grand Juge, ministre de la Justice lui-même..

Le 24 mars 1809.

« Monseigneur,

« Le capitaine Martin Pailloux d'Agde, commandant la tartane le *Saint-Pierre*, s'est présenté le 17 de ce mois à notre Tribunal pour faire son rapport. Il a déclaré qu'après être parti de Toulon le 6 de mars pour se rendre à Agde, il avait eu le malheur d'être pris le même jour vers les 3 heures de l'après-midi dans le golfe de Marseille, au travers de l'Isle de Riou par une felouque mahonnaise portant pavillon anglais ; il a ajouté qu'ayant été conduit ainsi que tout son équipage à bord de cette felouque on les fit descendre dans la cale où ils furent fouillés, pillés et mis à nud (*sic*), que ce ne fut qu'à force de supplications qu'on les débarqua sur une pointe de la côte appelée le passage des Croisettes et qu'ils furent conduits au bureau de la Santé de Marseille, qui les soumit à une quarantaine de dix jours. Ce capitaine termine son rapport en affirmant qu'il était dans l'impossibilité de payer des droits de timbres d'enregistrement à cause du dénument total dans lequel on l'avait plongé.

« Ce rapport fut présenté au receveur de l'enregistrement des actes judiciaires qui refusa de donner en debet la formalité de l'enrégistrement par la raison *extraordinaire que l'exception ne peut s'appliquer qu'au cas d'un naufrage et non à celui d'une prise.* Ce receveur du reste avait déjà opposé le même refus à l'occasion d'un pareil événement arrivé au capitaine Louis Ozilia, le 23 novembre 1808.

« Les principes de la justice qui dirigent votre Excellence lui feront sans doute reconnaître que les justes motifs qui ont dicté une exemption en faveur des capitaines naufragés doivent faire classer dans la même exception les capitaines qui ont le malheur d'être pris et surtout lorsqu'il est constant qu'on a poussé envers eux la piraterie jusqu'à les dépouiller de leurs vêtements.

« Nous ne doutons pas un instant que votre Excellence voudra bien prendre les mesures nécessaires pour que les capitaines Martin Pailloux et les capitaines qui désormais éprouveraient son malheureux sort, profitent de la même faveur prononcée à l'égard des capitaines naufragés. Nous sommes avec respect, etc. »

Je crois que le Tribunal aurait pu ajouter comme argument sans réplique qu'il est difficile de mettre la main à la poche quand on n'a plus de pantalon.

Non content de secourir ainsi les faibles, le Tribunal s'ingénie encore à empêcher les fraudes qui s'exerçaient nombreuses, il faut le croire, dans la Savonnerie et fait rendre à cet effet le décret Impérial du 11 juin 1809 qui nomme un Conseil des Prud'hommes composé de patrons, contremaîtres et ouvriers savonniers à l'effet de divulguer ces fraudes et de les proscrire. C'est vers cette époque que la Chambre de Commerce reprend le cours de ses longues et brillantes traditions. Le Pouvoir revenait enfin à cette excellente conseillère du commerce dont il n'aurait jamais dû abandonner les bons services. Le Tribunal ne s'en montra pas jaloux quoique ce retour de faveur dut marquer pour lui la fin du rôle politique que nous lui avons vu jouer aux jours troublés de la Révolution.

Nous l'y voyons pourtant revenir vers 1814 pour manifester son enthousiasme en faveur de la royauté renaissante.

Le Tribunal de Commerce de Marseille à Nosseigneurs du Gouvernement Provisoire à Paris.

Nosseigneurs,

Le Tribunal de Commerce de Marseille applaudit et adhère avec les transports de la plus vive allégresse aux actes du Sénat et du Gouvernement provisoire.

Il a partagé l'enthousiasme que le retour du souverain légitime de la France a fait subitement éclater.

Que le successeur de Saint-Louis et de Henri IV soit replacé sur le trône de ses pères où l'amour des Français le rappelle.

C'est son vœu le plus ardent.

La paix du monde, la prospérité du commerce et de l'agriculture et le bonheur de notre patrie seront le résultat de cet évènement heureux.

Signé : L. GRAVIER, président; Félix-Antoine-Joseph ALLARD; Lazare ESTIEU, QUANTIN, LEPEINTRE, Pierre PASCAL fils, J.-Jacques-Henri SALAVY, DESVERNEYS, Pierre ROLLAND, Hilarion BOUGE, Pierre-Barthélemy ROUX fils aîné.

Cette déclaration vaudra peu après à tout le Tribunal la décoration de l'ordre du Lys, décoration dont avaient déjà depuis quelque temps bénéficié tous les membres de la Chambre de Commerce.

Je ne voudrais pas trop médire des convictions politiques de nos ancêtres consulaires, mais je trouve à la date du 20 avril 1815, retour de Napoléon de l'île d'Elbe, une lettre du Tribunal entièrement oblitérée sur le registre de ses délibérations; tous les mots en sont énergiquement rayés à l'encre de chine. Ce voile noir semble me dire qu'il y aurait indélicatesse de ma part à chercher à le soulever. Je respecte donc le passé mais il n'est pas imprudent de ma part de soupçonner qu'il dut y avoir là quelque chose peu d'accord avec la pompeuse et enthousiaste déclaration de 1814 ci-dessus.

Du reste cet état de bonne entente avec le pouvoir allait pour toute autre cause subir d'assez longs orages. Un greffier allait les faire naître et apporter par sa ruse et son obstination un trouble profond dans la justice consulaire et dans le commerce marseillais lui-même. En voici l'histoire telle qu'elle se passe en 1818 sous la présidence de César Lombardon.

Les fonctions de greffier au Tribunal de Commerce étaient remplies depuis 1808 à la satisfaction générale par le sieur Trouilhas qui avait autrefois exercé des fonctions équivalentes au Tribunal de l'Amirauté. Le greffier se sentant vieillir désirait ardemment voir la survivance de son office passer à son fils. Il s'en était ouvert à plusieurs reprises aux divers présidents et juges qui s'étaient succédé au Tribunal sans jamais avoir pu recueillir pour son rejeton les suffrages de ces derniers. On trouvait le fils trop jeune, incompétent et incapable. Or, sans la recommandation du Tribunal, sans son certificat de capacité peu de chance d'être agréé en haut lieu. Que faire? Le jeune Trouilhas résolut d'obtenir par ruse ce qu'on refusait à son peu de mérite.

Prétextant de son désir d'entrer comme conseiller auditeur à la Cour d'Aix, il se fait signer par quatre membres du Tribunal désireux de se débarrasser de sa personnalité encombrante un certificat de capacité, auquel il est assez adroit pour faire ajouter les signatures du Procureur général à la Cour et du député de Marseille, M. Seyras. Mais dès qu'il est nanti de ce certificat, il fait sa demande non plus pour une place d'auditeur à la Cour d'Aix mais bien pour celle de greffier au Tribunal de Commerce.

La demande part silencieusement pour Paris, fait son chemin poussée par des influences très agissantes qui se gardent surtout d'éveiller l'attention du Tribunal, et le 15 mars 1818 arrive tout à coup l'ordonnance du roi nommant le sieur Trouilhas fils greffier du Tribunal de Commerce de Marseill en remplacement de son père, et par surcroît, commettant le Président César Lombardon à la réception au serment du nouveau greffier.

C'était la guerre ouverte entre le Tribunal et le Greffe, César Lombardon était grandement de taille à la soutenir. Issu d'une vieille famille marseillaise dont j'ai retrouvé la trace au Tribunal avant 1715, à propos d'une accusation grave qui pesait alors sur elle (la vente à l'étranger des procédés de fabrication du savon), Lombardon commença par ajourner au 1er mai la prestation de serment du nouveau titulaire. Réunissant ensuite le Tribunal, il n'a pas de peine à le convaincre que l'ordonnance royale est faite contre tous ses droits et qu'il doit tout tenter pour faire revenir le pouvoir sur cette nomination presque provocante. Dès le 4 avril partent pour Paris deux longues lettres, l'une adressée à Sa Grandeur le garde des sceaux, et l'autre à M. Martin, fils d'André, président du Tribunal de Commerce de la Seine, à qui l'on voulait faire épouser une querelle estimée commune à tous les tribunaux de commerce. Ces deux lettres font ressortir la déraison qu'il y a, à vouloir imposer au Tribunal un greffier si peu respectueux de ses juges qu'il est allé jusqu'à les tromper en sollicitant leur bienveillante recommandation. On fait ressortir aussi avec un certain dépit le peu de déférence qu'il y a, à nommer un fonctionnaire en rapports aussi intimes et constants avec le Tribunal, sans prendre l'avis de ce dernier, et comme conclusion on demande le retrait d'une ordonnance qui ne peut que mécontenter le Tribunal, amoindrir son autorité et apporter le trouble dans ses fonctions.

Mis au courant de ce qui se passe, le fils Trouilhas de son côté ne perd pas son temps. Dès le 31 mars, il se plaint amèrement à M. le Procureur général à Aix que, malgré l'ordonnance royale, le président refuse de procéder à sa prestation immédiate de serment et la renvoie à la date tardive du 1er mai.

M. le Procureur général se fâche et écrit une lettre de reproches au Tribunal ainsi conçue :

Aix, le 18 avril 1825.

« Monsieur le Président du Tribunal de
Commerce à Marseille.

« Monsieur le Président,

« Je suis informé qu'une ordonnance du Roi,
portant nomination d'un greffier pour votre Tribunal
vous a été adressée et est restée sans exécution,
depuis un intervalle de temps assez considérable. Je
ne puis concevoir, je l'avoue, le motif d'une pareille
négligence, car je ne crois pas devoir attribuer cet
oubli, à un défaut de soumission pour la Volonté
Royale. Quel qu'il puisse être, rien ne saurait l'excuser, et à supposer que le Tribunal crut pouvoir se
plaindre de n'avoir pas été consulté sur ce choix, ce
ne serait pas une raison légitime pour se dispenser,
ou même pour différer, d'obéir, sauf à adresser
ensuite à Sa Majesté par l'organe de Monseigneur le
Garde des Sceaux, ses respectueuses représentations.
Chargé par le devoir de mon ministère, d'assurer et
de maintenir l'exécution des lois et des ordonnances,
je ne puis dissimuler plus longtemps ce qui me
paraît être un écart répréhensible, et si je ne reçois
pas de vous dans le plus court délai une réponse
entièrement satisfaisante, je me verrai forcé, quoique
à regret, de dénoncer moi-même à ce ministre
l'inexécution de l'ordonnance de Sa Majesté.

« Recevez, Monsieur le Président, l'assurance de
la considération distinguée avec laquelle j'ai l'honneur d'être votre très humble et très obéissant
serviteur.

« D'EYMARD DE MONTAIGNAC. »

11

Le Tribunal répond le 22 :

« Monsieur le Procureur général,

« Nous avons reçu votre lettre du 18 dans laquelle nous voyons avec étonnement que sans nous avoir entendus, vous désapprouvez notre conduite. Si la justice se fait une loi d'observer ce préalable avec tous les particuliers, à plus forte raison un corps qui se dévoue gratuitement et sans bornes à des fonctions pénibles devait-il s'attendre qu'on y manquât pas à son égard, etc. etc. »

La fin de la lettre, trop longue pour être rapportée en entier, est assez dédaigneuse et dit, en substance que le Tribunal a préféré faire juge des raisons qui s'opposent à la nomination du fils Trouilhas, Monsieur le Garde des Sceaux lui-même auquel il a écrit et dont il attend la réponse. Cette réponse arriva le 26 avril et fut loin de donner satisfaction au Tribunal et à son Président. Il y était dit que devant un certificat de capacité signé par plusieurs membres du Tribunal, par le Procureur général et par le député Seyras, certificat qui portait du reste le timbre du Tribunal lui-même, le Garde des Sceaux n'avait pu que s'incliner et qu'il était trop tard actuellement pour revenir sur une nomination qui avait reçu la sanction royale. César Lombardon, furieux, renvoya de nouveau la prestation de serment du fils Trouilhas au 2 juin dans l'espoir de faire revenir par de nouvelles instances, le Garde des Sceaux sur sa décision, mais le Procureur de la Cour ne lui en laissa pas le loisir et lui écrivit à la date du 4 mai la nouvelle lettre qui suit.

Aix, le 4 mai 1816.

« *Monsieur le Président du Tribunal de Commerce à
Marseille.*

« Monsieur le Président,

« J'apprends avec surprise que le Sʳ Trouilhas,
nommé par ordonnance du Roi, greffier de votre
Tribunal, s'étant présenté de nouveau le premier de
ce mois pour sa réception, le Tribunal, au lieu d'y
procéder, l'a ajourné au 2 du mois prochain. Il me
semble qu'il y a dans une pareille conduite, un
espèce de mépris assez marqué pour l'ordonnance
royale, et d'autant plus que c'est ici le second renvoy
ou plutôt le second refus assez peu déguisé, que le
Sʳ Trouilhas éprouve. Le trente avril, il s'était de
nouveau présenté chez tous les membres du Tribunal, pour les prévenir de sa démarche et leur demander leur agrément, et c'est ce qu'il m'a assuré avoir
aussi fait, lorsqu'il se présenta pour la première fois
pour requérir l'exécution de l'ordonnance du Roy.
Il avait donc rempli tous les préalables d'honnêteté,
et je ne vois pas comment on peut excuser de déso-
béissance le refus prolongé de le recevoir. D'un autre
côté, vous sentirez sans doute, M. le Président, que
le devoir de mon ministère, spécialement chargé de
surveiller l'exécution des lois, ne me permet pas de
dissimuler plus longtemps. Ainsi je me verrai forcé
quoiqu'à regret, de dénoncer au Gouvernement la
conduite du Tribunal de Marseille, et de prendre ses
ordres à ce sujet si je n'apprends pas, dans le plus
court délai, que cet état d'opposition aux volontés
du Roi a enfin cessé. Vous n'ignorez pas sans doute
avec quelle sévérité les lois le punissent, et il me
serait infiniment pénible de provoquer les poursuites
rigoureuses qu'elles prescrivent en pareil cas ; j'es-

père que votre réponse me dispensera de cette triste
obligation et je l'attends avec impatience. »

Devant cette nouvelle injonction et ne recevant
point de réponse du Garde des Sceaux, César Lombardon convoqua finalement le fils Trouilhas à
l'audience du 2 juin pour sa prestation de serment.
Mais là, après lui avoir reproché sa conduite, le
Tribunal déclara n'admettre le sieur Trouilhas fils
au serment en qualité de greffier que par obéissance
aux ordres du Roi et *sous la réserve expresse de
renouveler à sa Majesté ses très respectueuses représentations basées sur le motif qui, jusqu'à ce jour, avait
déterminé le Tribunal à ajourner cette demande.*
C'était mettre le feu aux poudres.

En effet, devant ces considérants sévères le fils
Trouilhas ne se sentit pas tranquille, et dès le soir
même partit pour Aix faire le Procureur général
juge de l'affront qui venait de lui être fait et qu'il
essaya de grossir de celui fait d'après lui à l'ordonnance du Roi. Après avoir lu le texte du jugement
le Procureur général écrivit coup sur coup deux
lettres au Tribunal, le sommant d'avoir à le rectifier
et à y retrancher, disait-il, les mots injurieux pour sa
Majesté. Ce à quoi le Tribunal tout entier se refusa
et répondit :

« Monsieur le Procureur général,

« Le Tribunal a rendu au nom du Roi de qui
émane toute justice et d'après sa conscience le jugement du 2 juin dernier qui admet le sieur Trouilhas
au serment en qualité de greffier. Ce jugement prononcé publiquement à l'audience ne lui appartient
plus aujourd'hui. Qu'il ait bien ou mal jugé, bien ou
mal interprété la loi, il ne lui est plus permis d'y
toucher et nous commettrions un véritable abus de

PIERRE BARTHÉLEMY DE ROUX
1772-1863
Président du Tribunal de Commerce

Collection Raymond de Roux.   Cliché L. Villard

pouvoir si nous osions réformer nous-mêmes aucune des dispositions qu'il renferme. Nous sommes fâchés, Monsieur, que vous n'ayez pas distingué comme nous, l'ordonnance par laquelle Sa Majesté a nommé le sieur Trouilhas, de la demande que celui-ci nous a faite et qui a motivé notre jugement. Cette demande a été portée par ce dernier dans le sanctuaire de la justice et c'est le Roi lui-même, qui par l'organe du Tribunal, l'avait momentanément ajournée. Elle a été ensuite admise mais sous des réserves qui lui ont paru concilier à la fois le respect dû à la volonté du Monarque et les droits imprescriptibles de sa justice. Il n'est donc pas en notre pouvoir de déférer à l'invitation que vous nous faites. Elle repose sur une erreur et, dans tous les cas ce serait véritablement sortir des bornes de notre compétence que d'opérer la rectification que vous nous demandez. Nous avons l'honneur de vous saluer.

« *Signé* : C. Lombardon, président ; J. Roussel, Durand, Estieu, Magnan Joseph, Lafon, Bénet, Cayol, Séjourné et Regny, juges et juges suppléants du Tribunal de Commerce de Marseille. »

Après cette lettre il ne restait plus au Tribunal qu'à envoyer sa démission au gouvernement. C'est ce qu'il fit. La démission fut acceptée, mais en communiquant cette acceptation à César Lombardon M. Fabry, le premier président de la Cour royale, ajouta ceci : « Je ne puis m'empêcher de regretter qu'une affaire qui devait vous être étrangère ait pu vous occasionner du désagrément dans votre retraite et que la justice perde en vous un magistrat probe et éclairé qui emporte les regrets des justiciables. »

C'était bien d'accepter la démission du Tribunal, mais le difficile était de pourvoir à son remplacement.

Le gouvernement avait à cet effet dès le 9 septembre nommé M. Rostand comme président et MM. Gabriac, Majoutie, Rouffio aîné, Plasse, Pastré, Aimé Mousquet et Casimir Roussier comme juges titulaires, mais ces nouveaux élus se solidarisant avec les juges démissionnaires, refusèrent leur nomination.

Il faut croire que cette abstention du Commerce Marseillais et cette solidarité dans la défense des prérogatives du Tribunal mit le gouvernement dans un certain embarras car le 17 février 1819 César Lombardon rappelle à M. le comté de Villeneuve, préfet du département, que depuis sept mois que le Tribunal a donné sa démission il n'a pas encore été remplacé et que si la chose dure il se verra à regret forcé d'abandonner sa fonction.

Il fallait sortir de cette impasse; le 21 juin 1819 M. de Villeneuve convoqua l'assemblée des notables à défaut du président Lombardon qui se refusa à le faire. L'assemblée des notables, travaillée par des agents actifs et adroits du pouvoir, nomma comme nouveau président M. Seyras, député de Marseille. La politique allait avoir raison de la résistance du Commerce Marseillais. En effet, M. Seyras était trop bien avec le pouvoir pour ne pas lui rendre le service d'accepter ces nouvelles fonctions; c'est ce qu'il fit, et il fut comme le drapeau qui couvrit les cinq juges titulaires et les trois juges suppléants qui vinrent avec lui compléter le nouveau tribunal.

L'incident n'était pas clos. César Lombardon était sorti de ses fonctions très dignement mais il emportait avec lui la majeure partie des pièces se rapportant à cette affaire et entr'autres la fameuse ordonnance cause de tout ce bruit. Cela ne faisait pas les affaires du fils Trouilhas qui comme gardien des archives d'abord et comme bénéficiaire de l'ordonnance ensuite, les réclama par l'intermédiaire de M. Roccofort une première fois, et plu tard par celle de M. Seyras le nouveau président du Tribunal. Tous ces appels furent vains. Un jour pourtant le fils Trouilhas à qui l'ordonnance de Sa Majesté était absolument nécessaire, prit son courage à deux mains et tenta une démarche personnelle auprès de César Lombardon.

Reçu avec une certaine froideur par ce dernier à son domicile privé il lui expose l'objet de sa visite et le prie instamment sur l'ordre du Procureur général dont il se dit le mandataire de lui rendre au moins l'ordonnance dont il avait un pressant besoin.

A ces mots, Lombardon déboutonnant froidement sa culotte dit au fils Trouilhas en lui montrant son juste milieu : « Vous direz au Procureur général « de ma part que vous avez vu l'Ordonnance mais « que je la garde. »

Sur cet effet pittoresque de lune s'en fut le fils Trouilhas et oncques n'entendit plus parler de lui ni de l'ordonnance.

Mais entre temps le Procureur général ne s'était pas contenté de la démission du Tribunal et avait requis devant la Cour contre lui, afin qu'il eût à rayer de son jugement les mots incriminés. Nous donnons ci-dessous la teneur de cette requête ainsi que l'arrêt rendu par la Cour à la date du 7 septembre 1818 faisant droit à ses conclusions.

A Messieurs les Présidents et Conseillers composant la Cour royale, Chambres des vacations.

MESSIEURS,

Le Procureur général du Roi près la Cour a l'honneur de vous exposer ce qui suit :

La Cour, par son arrêt du 2 de ce mois faisant droit au réquisitoire du remontrant, ordonna que la minute des registres du Tribunal de Commerce de Marseille, qui renfermait le procès-verbal de prestation de serment du sieur Trouilhas fils en qualité de greffier dudit tribunal, serait apportée, déposée au greffe de la Cour et communiquée au Procureur général ; cet arrêt a reçu son exécution, le soussigné ayant pris communication dudit procès-verbal à la date du 2 juin dernier, a vérifié que le Tribunal de Commerce avait déclaré n'admettre le sieur Trouilhas fils au serment en qualité de greffier, que par *obéissance pour les ordres ou les ordonnances du Roi,* et après le serment prêté, le tribunal déclara *faire la réserve de renouveller à sa Majesté ses très respectueuses représentations basées sur le motif qui, jusqu'à ce jour, avait déterminé le renvoi de la demande du sieur Trouilhas,* qui tendait à obtenir son installation et son admission au serment.

Les motifs sur lesquels le tribunal pouvait avoir ordonné un double renvoi ne sont pas exprimés dans la réserve ou protestation du tribunal, on ne les trouve détaillés dans aucun acte qui fasse partie des minutes consignées dans le registre déposé ; il est à présumer, néanmoins, que le tribunal avait adressé aux ministres de Sa Majesté, des représentations, puisqu'il se réserve non de les faire mais de les renouveller, il est évident, dès lors, que Sa Majesté n'a pas accueilli ses représentations et il n'est pas permis de douter qu'elles ont été considérées comme déplacées.

A ce registre du tribunal renfermant le procès-verbal d'admission au serment du 2 juin dernier, sont jointes deux requêtes présentées au même tribunal par le sieur Trouilhas fils, tendant à obtenir son admission au serment ; la première est suivie d'une ordonnance du tribunal à la date du 15 avril 1818, signée par le président, qui renvoit le sieur Trouilhas fils à l'audience du 1er mai suivant, sans exprimer aucun motif de ce renvoi.

La deuxième requête tendant aux mêmes fins est suivie d'une autre ordonnance du tribunal à la date du 1er mai dernier, portant un nouveau renvoi à l'audience du 2 juin suivant, sans donner aucun motif du second renvoi.

C'est à l'audience tenue ledit jour, 2 juin, que le tribunal, en admettant au serment le greffier nommé par Sa Majesté, s'est permis de déclarer qu'il n'admettrait le

JOSEPH-PHILIPPE MAGNAN
Fondateur de l'Huilerie à Marseille (1781-1865).
Cliché E. Villard.

greffier au serment que par obéissance pour les ordres ou les ordonnances du Roi, expressions qui annoncent que le tribunal n'a obéi que contraint et forcé. Outre les expressions qui annoncent une véritable résistance à l'autorité d'une ordonnance royale, le tribunal a ajouté dans son procès-verbal la phrase suivante : « se réservant néanmoins le tribunal de renouveler à Sa Majesté ses très respectueuses représentations basées sur les motifs qui, jusqu'à ce jour, avaient déterminé le renvoi de la demande du sieur Trouilhas ». Cette phrase est une véritable protestation contre une ordonnance royale exécutée après une longue résistance, à laquelle le tribunal n'a paru obtempérer que comme contraint et forcé, elle est un véritable excès de la part d'un corps qui n'a pas le droit de remontrance ; une semblable protestation attaque l'autorité de l'ordonnance royale, elle blesse à la fois l'ordre public et les convenances.

Et attendu qu'il entre dans les devoirs du ministère public de veiller à la stricte exécution des lois, à ce que les tribunaux se restreignent dans les limites de leurs attributions et au maintien général de l'ordre, le soussigné doit provoquer la répression de tout ce qui s'en écarte.

Par ces motifs et considérations,

Vu le procès-verbal du 2 juin dernier, les deux requêtes ci-devant mentionnées et les ordonnances de renvoi au bas de ces requêtes à la date du 15 avril et 1er mai 1818, pièces jointes au présent réquisitoire,

Le Procureur général requiert être ordonné par la Cour que, par son greffier en chef, les deux phrases ci-devant rappelées et soulignées qui renferment savoir : la première, l'expression d'une obéissance forcée, et la seconde une véritable protestation et une atteinte dirigée contre l'autorité royale seront radiées sur la minute du procès-verbal du Tribunal de Commerce, que mention de l'arrêt sera faite en marge du registre par le même greffier et que cela fait, le registre du Tribunal de Commerce, ainsi que ses deux requêtes et ordonnances du 15 avril et 1er mai 1818, seront rétablies au greffe du Tribunal de Commerce.

Délibéré à Aix au parquet de la Cour le sept septembre mil huit cent dix-huit.

Le Procureur général signé : illisible.

ARRÊT DE LA COUR :

Vu le réquisitoire ci-dessus, et le procès-verbal dressé par le Tribunal de Commerce de Marseille le deux juin mil huit cent dix-huit, dont la minute a été déposée au greffe de la Cour en vertu de l'arrêt du premier septembre courant; ensemble les deux requêtes y jointes, en date du quinze avril et premier mai dernier, dûment enregistrées.

La Cour considérant que le procès-verbal du Tribunal de Commerce de Marseille à la date du deux juin dernier constatant la prestation de serment du sieur Trouilhas fils, en qualité de greffier dudit Tribunal, renferme des phrases qui présentent des sentiments et des opinions les plus répréhensibles.

Qu'en exprimant que c'est par obéissance pour les ordonnances du Roi qu'on admet au serment le sieur Trouilhas le Tribunal énonce ainsi un système de résistance dont il croirait pouvoir encore user et dont il fait seulement la concession dans cette circonstance.

Que ce système est erroné en principe, l'obéissance à l'autorité royale étant un devoir pour tout sujet fidèle et dévoué, et étant encore plus une obligation sacrée pour des magistrats qui ont fait serment de cette obéissance laquelle dès lors ne doit jamais présenter le caractère d'être contrainte et forcée.

Qu'en ajoutant encore que néanmoins le Tribunal se réserve de renouveler à sa majesté ses très respectueuses représentations basées sur les motifs qui jusqu'à ce jour avaient déterminé le renvoi de la demande du sieur Trouilhas, ce Tribunal va ainsi jusqu'à oser établir une véritable protestation contre cette ordonnance Royale et annoncer l'intention de lutter encore contre l'autorité légitime.

Qu'une telle prétention et d'autant plus déplacée qu'aucun droit de remontrance n'appartenait à ce Tribunal de Commerce.

Considérant qu'aucun motif ne peut excuser une semblable conduite, puisqu'il paraît que le Tribunal de Commerce de Marseille avait déjà adressé au gouvernement des observations sur la nomination du sieur Trouilhas dont il avait même différé à diverses fois l'admission au serment, probablement pour attendre le

résultat de ses réclamations et que sa majesté ne les
ayant pas accueillies, il ne restait aucun prétexte à refuser
l'obéissance pure et simple. Le contraire n'est dès lors
que l'effet d'un esprit d'indépendance très condamnable
et qu'aucune considération ne peut légitimer puisque la
soumission et l'exactitude dans ses devoirs n'est jamais
relative et ne peut se modifier par la nature particulière
d'un Tribunal ou la position individuelle de ses membres.

Considérant que le résultat de cet acte du Tribunal
de Commerce de Marseille est une atteinte portée à l'autorité Royale, un véritable excès de pouvoir, une trans-
gression du serment prêté par chacun des membres qui
le composent, un oubli de leurs devoirs, un mépris des
convenances et qu'ainsi cet acte blesse les principes de
notre monarchie et l'ordre public.

Que la Cour, dont une des attributions qu'elle apprécie
le plus est le maintien du respect dû au Roi, à ses ordonnances et aux lois de l'État, doit réprimer tout ce qui
s'écarte de ses principes et ne doit jamais souffrir que les
tribunaux de son ressort dépassent les limites de leurs
attributions; qu'elle pourrait dans cette circonstance
déployer une sévérité bien méritée envers ceux des
membres du Tribunal de Commerce de Marseille qui
ont concouru au procès-verbal dont il s'agit, et que si
elle croit devoir en modifier la vigueur c'est dans la
ferme persuasion que désormais ce Tribunal connaîtra
le véritable esprit de ses fonctions et que les membres
précédemment mentionnés, maintenant mieux éclairés
sur leur devoirs, éprouveront le regret d'avoir méconnu
un moment le caractère de véritables magistrats et de
sujets fidèles et soumis.

Qu'il suffit alors que la Cour détermine la suppression
dans le procès-verbal du Tribunal de Commerce de
Marseille des phrases ci-dessus relatées, pour anéantir
ainsi cet outrage aux principes et qu'ensuite il reste dans
les archives de ce Tribunal la preuve de cette mesure,
pour y être à l'avenir et au besoin, un préservatif contre
de semblables erreurs; et qu'enfin les mêmes qui ont
coopéré à ce procès-verbal aient une connaissance offi-
cielle de la détermination de la Cour pour qu'ils ne puissent prétendre l'ignorer et qu'ils puissent au contraire
reconnaître leur faute et apprécier l'indulgence de la Cour.

Par ces motifs, la Cour tenant la Chambre des vacations, présents M. le président d'Arlatan-Lauris, et MM. les conseillers d'Alpheran de Bussan, de Gastaud, Roudier, Le Blanc de Castillon, Beuf et Cabasse, ce dernier appelé en remplacement ; improuvant la conduite du Tribunal de Commerce de Marseille, pour avoir dans le procès-verbal de prestation de serment du sieur Trouillas, en qualité de greffier dudit Tribunal, en date du deux juin dernier, inséré des phrases qui présentent l'énonciation d'une obéissance contrainte et forcée, un système de résistance, qui sont un oubli du respect dû au Roi et un mépris du serment et des vrais devoirs des magistrats.

Ordonne que par le greffier en chef de la Cour la phrase ainsi conçue : Par obéissance pour les ordonnances du Roi, et celle-ci : se réservant néanmoins le Tribunal de renouveler à Sa Majesté ses très respectueuses représentations basées sur les motifs qui jusqu'à ce jour avaient déterminé le renvoi de la demande du sieur Trouillas, seront radiées et biffées à la minute dudit procès-verbal en vertu du présent arrêt.

Que mention détaillée du présent arrêt sera faite par le même greffier en marge dudit registre.

Et qu'en suite ledit registre, ainsi que les deux requêtes et ordonnances des quinze avril et premier mai mil huit cent dix-huit y jointes, seront rétablies, sous due décharge, au greffe du Tribunal de Commerce de Marseille.

Ordonne de plus qu'à la diligence du Procureur général du Roi le présent arrêt et ses motifs, ainsi que le réquisitoire dudit Procureur général, seront notifiés dans le plus bref délai au Tribunal de Commerce de Marseille dans la personne du sieur Antoine-César Lombardon, son président.

Fait à Aix, en Cour Royale, le sept septembre mil huit cent dix-huit.

La rigueur de cet arrêt resta longtemps encore dans l'esprit de beaucoup de négociants honorables qui ne voulurent plus désormais accepter les fonctions consulaires.

En 1829, plus de dix ans après cet incident, Lazare Estieu et Alban Régny, nommés par les notables, l'un président et l'autre juge suppléant au Tribunal, refusèrent à cause de cet arrêt d'exercer leurs fonctions. Ni M. Rostand, le président sortant, ni le Président de la Cour lui-même, mis au fait de l'incident, ne réussirent par leurs instances à vaincre la répugnance et la susceptibilité des élus, et M. Rostand est obligé de répondre le 31 mars 1829 au Président de la Cour : « Je croyais que les paroles de l'homme de bien, du premier magistrat de la Cour, si noblement exprimées, ne pourraient pas rester sans effets, mais, quoique pénétrés de reconnaissance pour tout ce que vous avez bien voulu leur dire d'honorable et de flatteur, MM. Estieu et Régny persistent à croire qu'en l'état de l'existence de l'arrêt du 7 septembre 1818, il n'est ni de leur dignité, ni de leur autorité, amoindrie, d'exercer les fonctions consulaires. »

L'autorité morale du Tribunal était-elle vraiment amoindrie comme le soutenaient MM. Estieu et Régny ? On serait tenté de le croire à lire la lettre suivante qu'adresse le 31 janvier 1829 M. Rostand, alors président, au Procureur du Roi.

« Monsieur le Procureur,

« Hier soir, à 5 h. 1/2, en rentrant de la Bourse, me trouvant sur les quais du Port avec mon frère, Bruno Rostand, et mon neveu, Eugène Estrangin, j'ai été abordé par le sieur Martin Vion fils, qui s'est approché de moi brandissant un parapluie qu'il avait dans les mains et avec un air menaçant m'a traité à plusieurs reprises de *foutu gueux*, sous prétexte que je l'avais injustement condamné... Je tiens peu, M. le Procureur, à la réparation de l'insulte personnelle que j'ai reçue, mais comme elle m'a été faite en raison de mes fonctions, je crois qu'il est de mon devoir, pour le maintien de la dignité et de l'autorité du Tribunal, de vous la signaler pour que vous vouliez bien prendre dans votre sagesse les mesures que vous croirez nécessaires pour prévenir et réprimer de semblables délits. »

La mauvaise humeur de Martin Viou s'étant exercée aussi le lendemain de semblable manière sur M. Clappier, autre juge qui avait participé à sa condamnation, ce dernier se plaignit comme M. Rostand au Procureur du Roi.

On peut dire que Martin Viou était vis-à-vis de ces honorables magistrats en état de récidive, car il avait causé un premier scandale l'avant-veille en pleine audience en prenant ces Messieurs à partie alors qu'ils allaient se retirer dans la salle des délibérations.

Le sieur Martin Viou fut condamné sur cette plainte à deux ans de prison et à faire des excuses publiques à l'audience à MM. Rostand et Clappier.

Sur l'appel de Viou, la Cour saisie de ce petit scandale ne voulut pas laisser se perpétuer de semblables mœurs et le 29 avril 1829 elle rendit contre Martin Viou fils son arrêt dont je donne le dispositif seulement ci-après :

Par ces motifs :

La Cour ayant tel égard que de raison à l'appel émis par Martin Viou, envers le jugement rendu le vingt mars dernier par le tribunal correctionnel de l'arrondissement de Marseille, réforme le dit jugement et faisant ce que les premiers juges auraient dû faire, déclare ledit Martin Viou, âgé de trente-cinq ans, marchand d'huile, né à Marseille, y demeurant rue Haxo numéro neuf, coupable d'avoir publiquement outragé le trente janvier dernier M. Rostand, président du Tribunal de Commerce de

Marseille au moment où venant de tenir l'audience il
sortait de la salle à la tête du tribunal, et encore le
même jour sur le quai du port par des propos injurieux
tendant à inculper son honneur et sa délicatesse et
consignés dans le jugement dont est appel ; d'avoir sur
la place de la Bourse renouvellé ces mêmes outrages ce
contre le sieur Clapier, juge au même tribunal ; pour
réparation de quoi condamne ledit Martin Viou à six
mois d'emprisonnement et aux frais envers l'Etat tant
de première instance que d'appel taxés et liquidés à la
somme de quarante-quatre francs soixante et dix centimes, y compris huit francs quatre-vingts centimes
pour enregistrement et douze francs vingt-cinq centimes
pour timbre et à ce non compris l'enregistrement sur
minute du présent arrêt pour le paiement duquel il
pourra être contraint par toutes les voies de droit même
par corps

Ordonne en outre qu'au premier jour d'audience
publique du Tribunal de Commerce de Marseille, Martin
Viou fera à la dite audience et en personne réparation
publique à MM. Rostand et Clapier des propos injurieux
et outrages par lui proférés contre les dits magistrats et
consignés au jugement et que la durée de l'emprisonnement ordonné ne commencera que du jour auquel
la dite réparation aura été effectuée; charge le Procureur général de l'exécution du présent arrêt ainsi jugé
et prononcé à Aix au palais de justice, en audience
publique, le vingt-neuf avril mil huit cent vingt-neuf;
présents, M. le président D'Arlalan Lauris; MM. les
conseillers de Gastaud, Verger, Le Blanc de Castillon,
Mougins de Roquefort, Raybaud, Testanière de Mira-
vail, Berage, Castellanc, et M. le conseiller auditeur de
Ribbes, ayant voix délibérative, qui ont signé le présent
arrêt.

Il faut croire que les excuses faites par Viou fils
au Tribunal le 19 mai suivant en vertu de cet arrêt,
portèrent leurs fruits car on ne trouve plus nulle
part dans la suite exemple de manquements pareils.

D'ailleurs le Tribunal ne l'aurait pas permis car il
fut toujours en la personne de ses Présidents très

susceptible, non seulement sur son autorité mais aussi sur ses prérogatives.

C'est ainsi que la question des préséances réglées par le décret du 13 juillet 1804 fut de tout temps à son ordre du jour. Déjà par sa délibération du 9 juillet 1827 prise à la suite d'un incident qui s'était passé dans une cérémonie publique où les officiers avaient usurpé la place du Tribunal, ce dernier avait décidé de s'abstenir désormais de paraître publiquement en corps tant que le garde des sceaux n'aurait pas définitivement réglé cette question en sa faveur.

Le 6 août 1831 le Président Bensa se plaint à nouveau à ce sujet à M. le Préfet des Bouches-du-Rhône.

« Monsieur le Préfet,

« Dans le dernier service funèbre qui eut lieu en commémoration des braves tués dans les mémorables journées de juillet (les trois glorieuses) et auquel sur votre invitation j'eus l'honneur d'assister en ma qualité de Président du Tribunal de Commerce, je n'eus pas la place que me désigne le décret du 13 juillet 1804 sur les préséances ; je la trouvais occupée par le maire de la ville. J'en fis l'observation à M. le commissaire Malvillan qui me fit une réponse évasive dont je voulus bien me contenter afin de ne pas troubler la cérémonie. Si le passe droit m'eût été personnel je l'eusse tenu sous silence, mais je dois à la dignité de la place qui m'est confiée, du Commerce que je représente, de soutenir les prérogatives qui y sont attachées et les transmettre intactes à mes successeurs, etc. »

La prétention du Tribunal fut de tout temps que le décret de l'an XII plaçant le Président du Tribunal de Commerce tout de suite après le Président du

NOUS ETIENNE MARTIN, Maire, GABRIEL MERLE, JEAN RAYMOND MOURRAILLE, HONORE ARNAVON, JEAN FRANÇOIS LIEUTAUD, JACQUES JOSEPH LIEUTARD & FRANÇOIS BLANC, Officiers Municipaux de cette Ville de Marseille, certifions

part _____ de cette Ville pour Passage; sur _____ appellé _____ Capitaine suivant le Permis au Bureau des Classes du Roi, qu'il a remis, pour aller à _____ & les passages.

Et parce que (graces à Dieu) la santé est très-bonne en ladite Ville de Marseille, sans aucun soupçon de Peste, ni d'autres maladies contagieuses; desquelles nous nous gardons, par les précautions les plus rigoureuses; Nous prions tous Gouverneurs, Commandans, Magistrats & Officiers, de le laisser sûrement & librement passer, aller & revenir, séjourner & négocier, sans lui donner ni souffrir qu'il lui soit donné aucun trouble ni empêchement. En foi de quoi, Nous avons signé ces Présentes, fait apposer à icelles le Sceau de la Ville accoutumé, & contresigner par notre Secrétaire.

Données à Marseille, le _____ du mois d' _____ mil sept cent quatre-vingt-dix.

Par Mandement

Tribunal civil, les membres du Tribunal consulaire devaient suivre immédiatement les membres du Tribunal civil et par conséquent venir avant les conseillers municipaux qui ne sont établis qu'à titre consultatif et non comme des administrateurs et fonctionnaires à titre permanent, le maire et les adjoints seuls ayant cette qualité. (Délibération du 25 janvier 1853).

De même le Tribunal revendique toujours l'escorte d'honneur dans les cérémonies publiques comme résultant de ce droit donné par le décret de l'an XII aux Tribunaux de première instance dans lesquels il soutient toujours être compris. (Les considérants et motifs en sont longuement énumérés aussi dans cette délibération du 25 janvier 1853 citée plus haut).

Mais ce qui plus encore que le rang dans les cérémonies publiques tenait au cœur du Tribunal, c'était le changement du vieux palais consulaire de la rue Saint-Jaume.

Tous les présidents ne cessent de le décrier et d'en demander le transfert. Rien n'y est plus en rapport des besoins croissants du commerce, malgré les dépenses qui s'y font chaque année et dont je donne un aperçu à titre de curiosité pour l'année 1816.

Un quinquet à six branches avec ses cristaux pour la salle d'audience du premier étage.............................. F. 100 »
Un tapis de pied pour la chambre du Conseil.............................. 200 »
Une table en bois blanc peinte en gris pour la salle du vestiaire............ 18 »
Un quinquet pour la dite salle........... 30 »
Un buste moulé de sa Majesté Louis XVIII 100 »
Etagères à échelles pour les archives.... 300 »
Une fontaine en tôle peinte............. 55 »

12

Une douzaine de serviettes pour le Tribunal .... 36 »
Trois douzaines essuie-mains............ 45 »
Pour raccommodage de sonnettes......... 40 »

Une des plus grosses dépenses journalières du Tribunal est l'éclairage. Le 3 février 1820, M. Roccafort écrivait à ce sujet à M. le comte de Villeneuve :

« La nécessité de choisir un autre local pour la tenue de nos audiences est devenue urgente ; les distributions intérieures de la maison que le Tribunal occupe aujourd'hui se refusent à toute espèce de de réparations qui pourraient rendre ce local convenable à l'objet auquel il est destiné. Il n'existe pas un seul appartement pouvant servir de cabinet au Président ni une chambre de conseil pour les Juges. En outre la distribution des salles d'audience est si imparfaite que les juges sont placés dans une sorte d'alcôve ou de réduit qui oblige pendant sept mois de l'année d'entretenir de la lumière pour le bureau du Tribunal et à la barre depuis 1 heure de relevée jusqu'à la sortie des audiences. »

Mais l'incommodité du local affecté à la justice consulaire n'était pas le seul inconvénient majeur dont eussent à se plaindre les juges et le président.

Un maître tonnelier avait établi ses pénates tout près de la porte du Tribunal et faisait de la rue Saint-Jaume, à cette époque très populeuse, le champ clos de ses bruyantes occupations. Les plaintes adressées à la municipalité, les objurgations des huissiers de service ne parvenaient déjà pas toujours à calmer l'incessant et retentissant marteau du laborieux artisan, lorsque le malheur fit qu'un des siens, petit commerçant tanneur, fut mis en faillite par le Tribunal. Dès ce jour, la rage tapageuse de l'irascible tonnelier ne connut plus de bornes et l'on eût dit qu'il avait fait le vœu de faire cesser les audiences du Tribunal. Il en vint à ses fins mais ce fut sa perte. Un jour, en effet, dans l'impossibilité où il était d'entendre les parties, poussé à bout et perdant patience, le président W. Puget, leva l'audience au milieu des débats d'une affaire très importante qui avait attiré au Tribunal une foule considérable de négociants. Ceux-ci, vexés et malcontents de ne pouvoir connaître la solution de ce débat, se précipitèrent dans la rue Saint-Jaume suivis des avocats, de l'huissier audiencier, du greffier, de ses commis, et sans autre explication tombèrent à bras raccourcis à coups de dossiers, de cannes et de parapluies sur le malheureux artisan et sur ses aides, que, vue l'importance de l'audience, il excitait à frapper encore plus fort que d'habitude. Pliant sous cette avalanche, le tonnelier rentra dans ses murs, que, rendu plus sage par ces arguments frappants, il ne se hasarda plus désormais de franchir. Il y perdit peut-être mais tous y gagnèrent, la tranquillité publique et surtout le Tribunal.

Le bruit n'était pas tout; après l'ouïe, l'odorat, car voici la lettre qu'écrivait à M. le Maire le président Bensa, à la date du 24 juillet 1835 :

« Monsieur le Maire, dans les circonstances malheureuses où se trouve la santé publique, je crois de mon devoir de vous signaler un foyer permanent d'infection qui se trouve sous les fenêtres de derrière du Tribunal de Commerce. Une petite cour qui règne entre le bâtiment que le Tribunal occupe et les bâtiments voisins est sans cesse remplie de substances putrides qui répandent au loin leurs vapeurs délétères. Nous sommes forcés de tenir nos

croisées de ce côté continuellement fermées et malgré
cette précaution une odeur infecte pénètre dans le
vestiaire du Tribunal, dans les escaliers et dans le
bureau du greffe, etc..... »

Quel mois sinistre que ce mois de juillet 1835,
rappelé par cette lettre! Le choléra s'était abattu sur
Marseille et faisait jusqu'à 1.200 victimes par jour.
Il avait manifesté sa présence dès le mois de février
et le 11 mars le président, M. W. Puget, écrivait
déjà à Monseigneur l'Évêque qu'il lui serait impossible par suite du départ précipité d'un grand
nombre de membres du Tribunal d'assister le lendemain 12 à la procession solennelle faite en vue de
désarmer le fléau; mais ce fut bien pis le 28 juillet
où les effets désastreux de ce dernier étant arrivés à
leur comble, le président Bensa désolé écrivait à
M. le Maire au sujet de la prorogation des effets de
commerce : « Votre lettre du 25 courant m'ayant été
remise hier, je me suis hâté de convoquer les membres du Tribunal demeurés à Marseille et d'écrire à
M. le Président de la Chambre de Commerce pour
avoir son avis et celui du corps honorable qu'il
préside au sujet de la prorogation des effets de
commerce.

« Aujourd'hui, j'ai acquis la triste certitude qu'il
ne reste à Marseille qu'un seul juge du Tribunal de
Commerce, M. Pancrace Henri, je ne puis donc
prendre aucune détermination avec le seul collègue
qui me reste.

« D'un autre côté, la lettre que j'avais adressée à
M. le Président de la Chambre de Commerce m'a été
rapportée, M. Alexis Rostand étant lui-même absent.
La Chambre de Commerce est donc dispersée
comme le Tribunal et ne peut pas plus que ce dernier
donner son avis ou prendre une détermination.

« Quelque fâcheux que soit cet état de choses, vous pouvez cependant, M. le Maire, donner un avis rassurant au Commerce de Marseille, c'est que le Tribunal de Commerce aura égard aux circonstances déplorables au milieu desquelles nous nous trouvons et qu'il se fera un devoir de donner le temps convenable aux débiteurs malheureux en renvoyant dans l'exercice de son droit toutes les affaires de ce genre qui lui seraient présentées. Veuillez agréer etc...

« *Le président,* Signé : BENSA »

Le temps convenable aux débiteurs malheureux ! c'est qu'alors l'échéance était autrement sacrée que de nos jours et la faillite autrement redoutée. Aussi étaient-elles rares. J'en ai relevé 22 seulement pour 1805, 31 pour 1806, 18 pour 1807. Leur état décennal de 1817 à 1827 ne dépasse pas 262 et leur relevé global du 1er janvier 1808 au 31 décembre 1834 n'en accuse en tout que 548, soit en vingt-six ans le nombre approximatif actuel de nos faillites annuelles. Il faut dire que la maison d'arrêt pour dettes était pour beaucoup dans cette sage terreur. J'en ai dit un mot au chapitre précédent, me réservant d'y revenir au sujet de son abolition, qui date en droit de 1867 mais est bien antérieure en fait car le Président Estrangin parlant au Tribunal, disait déjà en 1851 : « Vous le savez, Messieurs, le Syndic n'exécute que rarement et le Ministère public n'exécute jamais, les dispositions de votre jugement qui ordonne l'incarcération du failli. »

Le règne normal de la prison pour dettes a duré en réalité jusqu'à la fin de la monarchie de juillet. Je ne parle pas bien entendu de cas isolés qui se sont perpétués jusque vers la fin du second empire et même bien après pour les dettes fiscales.

Quoiqu'il en soit, au contraire de l'ancien régime
où les prisonniers pour dettes logaient à même
enseigne que les prisonniers civils, la Révolution
distingua la prison civile de la maison d'arrêt pour
dettes dans laquelle ne pouvait être conduit le failli
que si le créancier le demandait et fournissait les
fonds nécessaires à son alimentation. Encore le jugement du Tribunal de Commerce devait-il apprécier
les raisons du créancier et y faire droit en portant
dans son dispositif la mention de mise en prison.
La lettre du Président du Tribunal envoyée au Procureur du Roi pour faire sortir à effet ces jugements
devait contenir le nom du ou des créanciers ayant
consigné la somme pour la nourriture du failli,
consignation qui se faisait d'habitude entre les
mains du concierge de la maison d'arrêt et qui était
de 1 fr. 10 par jour sans la chandelle et de 1 fr. 30
chandelle comprise. En réponse à cette lettre le
Procureur du Roi envoyait au Président du Tribunal
un procès-verbal d'écrou.

Tous les faillis pourtant n'étaient pas conduits en
prison, quelques-uns étaient consignés seulement
chez eux sous la garde d'un gendarme.

14 décembre 1827.

« Monsieur le Procureur du Roi, j'ai l'honneur de
vous annoncer que par jugement du 14 courant le
tribunal a déclaré le sieur Emmanuel Simon, armateur, en état de faillite et a ordonné par ce même
jugement que ce failli serait gardé à vue chez lui par
un gendarme jusqu'à ce qu'il en soit autrement dit
et ordonné.

« *Signé* : P. ROSTAND ».

Ah Gendarmes ! que n'avez-vous conservé vos bienheureuses fonctions, vous iriez plus souvent à pied mais l'on verrait moins souvent les faillis en voiture.

Quoique mieux traité, mieux logé, et surtout mieux nourri que sous l'ancien régime, le détenu pour dettes ne jouissait pas pourtant d'un sort enviable. Comme il mettait son principal espoir dans la lassitude de son créancier à pourvoir à ses aliments, il pouvait lorsque il en avait plusieurs, escompter à la rigueur et leur mésintelligence et leur jalousie, mais son sort devenait amer lorsqu'il était à la merci seulement d'un de ces hommes dont la vengeance passe bien avant l'intérêt. Et Dieu sait si les vindicatifs sont nombreux sur cette triste terre.

Heureux alors le détenu auquel s'intéressait une de ces âmes généreuses qui s'évertuait à toucher le cœur endurci de son créancier qui, jusqu'alors comme la camarde

Se bouchait les oreilles
Et le laissait crier.

Le cas était plus fréquent qu'on ne le pense, car de même que la nature met souvent le remède à côté du mal, l'infortune suscite aussi bien des dévouements. Sous l'ancien régime ce dévouement avait fondé l'œuvre des Prisons. Cette œuvre dont j'ai déjà parlé dans la première partie de cet ouvrage avait créé au cours du xviiie siècle un service spécial pour les *pauvres opprimés*, c'est-à-dire pour les indigents opprimés par des procès injustes et qui n'avaient pas le moyen de poursuivre leurs prétentions. C'est ce service spécial qui survécut à l'œuvre des prisons, ruinée comme tant d'autres par la Révolution, service qui est devenu depuis l'Assis-

tance Judiciaire. Au commencement du siècle passé
ce service était rempli par les avoués qui tenaient à
cet effet un bassin en permanence à la porte de la
Prison.

« Je me rappelle dit à ce sujet M. Estrangin étant
tout enfant d'avoir vu, je pourrais même dire d'avoir
tenu ce bassin. Il reposait sur une table couverte
d'un tapis noir avec bordure jaune sur laquelle se
trouvait un énorme carcan. Cet affreux instrument
de torture attirait les regards et la compassion des
passants. Les mères le montraient à leurs enfants et
leur faisaient ainsi une leçon de morale : voilà ce
qui leur serait réservé s'ils n'étaient pas sages. »

De cette même morale en action découlait aussi
l'habitude que l'on avait à cette époque à Marseille
de conduire les enfants aux exécutions capitales.
Les mères n'y manquaient pas et lorsque la tête du
condamné tombait, elles tombaient elles aussi à bras
raccourcis sur leur progéniture qui n'oubliaient
jamais leur vie durant cette correction avant la
lettre.

Mais la pitié envers les détenus n'était pas du
domaine exclusif des avoués. Un tronc avait été
aussi placé par les négociants sur le panneau exté-
rieur de la porte de la Bourse à la Loge. Le contenu
de ce tronc servait à améliorer l'ordinaire des
détenus pour dettes. Je n'ai pu savoir qui était
commis à sa distribution, mais je crois que la
Chambre de Commerce était chargée de ce soin
car le tronc disparaît vers 1832, époque où la
Chambre de Commerce est faite héritière en faveur
des détenus pour dettes par un sieur Laugier,
consul au Levant dont on va lire ci-après le testament olographe.

VUE DU LAZARET DE MARSEILLE EN 1836 (d'après une lithographie de Philippe Matheron).

Collection Rousset Rouard.   Cliché E. Villard.

Chancellerie du Consulat général de France à Smyrne.
Extrait des minutes.

(9 octobre 1825 et 15 octobre 1831)

D. O. M.

Testament olographe de Joseph-Jean-Baptiste Laugier, négociant français résidant à Smyrne, né à Marseille sur la paroisse de Saint-Ferréol le 14 mai 1761, de Jean-Baptiste Laugier et de demoiselle Christine Guéz, tous deux décédés. Écrit en entier, daté et signé de la propre main du testateur.

. . . . ⚉ . . . .

3° — Et quant au restant de mes biens, droits, actions, meubles et immeubles présents et à venir, généralement quelconques, en quoi le tout consiste ou puisse consister, lors de mon décès en quelque lieu qu'ils soient situés, après avoir prélevé de ma succession les donations à legs ci-dessus spécifiés et énoncés, mon intention est qu'ils soient affectés à la reconstruction de l'ancienne église de la paroisse Saint-Ferréol à Marseille ; sur laquelle je suis né et où j'ai été baptisé, qui a été détruite par le vandalisme de la Révolution, si toutefois la nouvelle église est rebâtie sur le même emplacement où existait l'ancienne église, sous la condition expresse seulement que la nouvelle église portera le nom de Saint-Ferréol et Saint-Joseph et que les ecclésiastiques qui la desserviront feront célébrer chaque année à perpétuité, le jour de l'anniversaire de mon décès, une grand'messe de *Requiem* pour le salut et le repos de mon âme.

4. — Et dans le cas où cette église ne pût ou ne pourrait être rétablie, dans le courant des trois années qui suivront mon décès, par telle cause que ce fût, j'institue mon héritière universelle, la Chambre de Commerce de la Ville de Marseille, pour le reliquat ou le restant et le produit net de ma succession être payés à MM. les Députés de la dite Chambre de Commerce et placé par eux dans les fonds publics en France, ou sur immeubles ou tout autre placement solide qui offrirait plus de garantie et de sûreté pour ces fonds.

Mon intention étant que le montant des intérêts provenant de ces fonds soit affecté et serve à perpétuité à
libérer et délivrer le 19 mars de chaque année, jour de la
Saint-Joseph, telle quantité de prisonniers qui se trouveraient détenus pour petites dettes dans les prisons de
Marseille autant que la valeur de cette somme pourrait
s'étendre et jusqu'à la concurrence du produit des intérêts, sans pouvoir jamais toucher au fonds capital, provenant du restant de ma succession ; voulant de plus
que les Marseillais, mes compatriotes natifs de la Ville
de Marseille et des plus anciennes familles par rang
d'ancienneté, soient préférés sur les étrangers, lesquels
cependant pourront participer après, à la répartition de
la même manière et jouir du bénéfice du restant de
l'intérêt annuel de ces fonds, si toutefois ils ne sont pas
absorbés par mes compatriotes malheureux, quelle que
soit l'importance de la valeur de leurs dettes, en commençant toujours par éteindre les plus petites.

Cette mise en liberté sera exécutée chaque année à
perpétuité le 19 mars, jour de la Saint-Joseph, comme il
est dit plus haut, par MM. les Députés de la Chambre de
Commerce de la Ville de Marseille, conjointement et en
présence de la Commission administrative des prisons
de la même ville, à qui je recommande et que je prie de
faire célébrer dans l'église des Accoules ou la plus voisine, une grand'messe de *Requiem* pour le repos et le
salut de mon âme, le lendemain de la distribution de
chaque année, dont les frais seraient en déduction, à
moins qu'ils ne fussent nécessaires à libérer un individu
de plus ; et à laquelle cérémonie religieuse je désirerai
que pussent assister les débiteurs détenus et libérés la
veille, *si toutefois cependant leur délicatesse ne serait
point blessée et ne répugnerait point à cette espèce de
servitude les laissant entièrement libres à cet égard et
me recommandant à leurs prières.*

. . . .

Intolérance cléricale voilà bien de les coups !

Une Ordonnance de Louis-Philippe datée des Tuileries, le 6 novembre 1832, autorisa la Chambre de

Commerce à accepter ce legs et à le placer en rente sur l'État. Cette dernière fut fidèle à sa mission et jusqu'en 1874 procéda scrupuleusement selon les volontés du testateur. Je donne le dernier compte-rendu de ses opérations à ce sujet que j'ai trouvé dans ses archives.

L'an mil huit cent soixante-quinze et le dix-huit mars, MM. Jules Gimmig, Président, Étienne Reymonet et Eugène Richard, membres de la Chambre de Commerce, spécialement délégués par elle, suivant délibération du 12 courant, pour l'application en la présente année des dispositions du testament olographe de feu M. Joseph Laugier en date du 23 juin 1832, en faveur des détenus pour dettes, se sont réunis à la maison d'arrêt de Saint-Pierre, afin de remplir l'objet de leur mandat, de concert avec la Commission des Prisons représentée à cette réunion par M. Paul Fabre, secrétaire général de la Préfecture, Camoin de Vence, Procureur de la République à Marseille et Ricard, chef de division à la Préfecture, le premier Président et le dernier, Secrétaire de la Commission des Prisons.

Était aussi présent M. J.-B. Gibert, Trésorier de la Chambre de Commerce, chargé de recueillir et de faire sortir à cet effet les décisions à intervenir.

Ainsi constituée, la Commission a aussitôt vérifié le registre des écrous des détenus, sur lequel elle a trouvé inscrits pour dettes, en vertu de divers jugements :

1. — Le sieur Teppe, maçon,
2. — Martin, François, entrepositaire,
3. — Gay, Joseph, débitant de boissons,
4. — Blaty, Victor,
5. — Merle, maçon,
6. — Femme Bouquetti, Marie, journalière,
7. — Femme Troussier, épouse Houillon, sans profes.

Le premier de ces détenus devant être mis en liberté le 20 mars, jour de l'expiration de sa peine, la Commission a déclaré qu'il n'y avait pas lieu de s'en occuper.

La même décision a été prise à l'égard du second, le sieur Martin, débiteur, pour de nombreux délits de contrebande, d'une somme de plus de 100.000 francs envers l'Etat. Cette décision est motivée, soit par l'élévation de la dette dont, avec les ressources disponibles, la Commission ne peut songer à opérer le règlement par voie de transaction, soit parce que l'administration des Contributions Indirectes a elle-même décliné toute espèce d'arrangement avec un contrebandier qui ne lui paraît mériter aucun intérêt.

Restent les sieurs Gay, Bietty, Merle et la femme Bouquetti débiteurs envers l'administration des Contributions indirectes, savoir :

Le premier d'une somme de ...... F.	411 51
Le deuxième »	793 64
Le troisième »	311 95
La quatrième »	521 60
Total...... F.	2.038 70

Quant à la femme Troussier épouse Bouillon, elle doit au sieur Boeri, par suite d'une condamnation en police correctionnelle, une somme, en capital et frais, de F. 695.

Après mûr examen, la Commission a décidé de faire aux créanciers ci-dessus dénommés les offres suivantes :

1. — A l'Administration des contributions indirectes une somme de fr. 696 33 sur celle de 2.038 70 qui lui est due ;

2. — Au sieur Boeri: 500 francs pour la liquidation de sa créance de 695 francs contre la femme Troussier.

Ces offres ayant été acceptées, M. Gimmig, Président de la Commission, après avoir mandé les détenus, les a informés de l'heureuse solution qu'elle avait obtenue en leur faveur, non sans leur signaler le caractère délictueux des dettes dont il allait leur être fait remise, et en leur recommandant de ne plus avoir à se rendre coupable de pareils délits.

Les prisonniers ont témoigné à la Commission toute leur reconnaissance pour le bienfait reçu, en promettant d'être fidèles à ses recommandations.

La Commission leur a ensuite fait savoir qu'un service funèbre serait prochainement célébré pour le repos de l'âme de leur bienfaiteur, et elle les a invités à y assister, en les laissant toutefois entièrement libres à cet égard, conformément aux intentions exprimées par le Testateur.

Le Trésorier de la Chambre a payé aux ayants-droit les sommes à eux allouées par la Commission contre une quittance entière et définitive, et la remise de leurs titres.

Le lendemain, 19 mars, fête de Saint-Joseph et jour fixé à cette fin par le testateur, ledit Trésorier, muni des pouvoirs nécessaires, a fait barrer l'écrou desdits prisonniers qui ont été aussitôt mis en liberté.

Enfin le service funèbre, pour le repos de l'âme de M. Joseph Laugier a été célébré le 26 avril à 9 heures du matin, dans l'Église des Augustins.

Signé E. REYMONET, GIMIG, CAMOIN DE VENCE, RICHARD, E. RICARD.

J'ai cité de préférence cet exemple de générosité envers les détenus parce qu'il est public mais que d'autres libérateurs ont ouvert sans se nommer la porte de la prison pour dettes et rendu à leur foyer soit un père malheureux, soit un enfant prodigue.

En est du nombre le bon président Rabateau, qui mourut plus tard maire de Marseille accompagné à sa dernière demeure par près de 10,000 malheureux et qui avait formé à son école ses deux dignes premiers juges, MM. Guis et Prou-Gaillard dont j'ai entendu raconter des traits aussi généreux que pleins de tact.

D'ailleurs trente ans après l'abolition de la prison pour dettes, j'ai encore connu un homme aussi modeste d'allures que grand de cœur et de caractère, M. Boisson, que les siens me pardonneront de nommer ici. Que de fois cet ami regretté comme on regrette les belles choses, qui soulèvent doucement l'âme de cette terre et la transportent dans les sereines régions, que de fois dis-je cet ami n'a-t-il ouvert toute grande sa bourse devant moi, pour sortir de peine un débiteur malheureux qui ne connut jamais sa main libératrice.

Je suis de ceux qui croient encore que ces belles
âmes même envolées ont leur action sur les forces
de ce monde et que pesant du bien qu'elles y ont
laissé dans l'éternelle balance, où cherchent à s'équi-
librer sans fin les sommes du bien et du mal, elles
servent encore en quelque chose au bonheur de
l'humanité.

Mais revenons à notre vieil immeuble de la rue
Saint-Jaume qui a cessé de plaire et que l'on veut
abandonner à tout prix.

L'autorisation en est enfin arrachée au préfet, M. de
Villeneuve, qui permet de s'enquérir d'un nouveau
local. Le choix du Tribunal est vite fait et s'arrête
sur la maison située rue Saint-Ferréol au coin de la
rue Grignan, ou à son défaut sur celle qui fait l'angle
de la rue Grignan et de la rue Paradis, résidence
actuelle du Syndicat d'Initiative de Provence.

On se met finalement d'accord avec le propriétaire
de ce dernier immeuble, on va passer l'acte et nos
pères consuls ne se sentent plus de joie de porter
leurs chaises curules au centre de la rue Paradis
lorsque la Ville bougonneuse vient s'opposer à ce
transfert en évoquant l'article 7 de son acte de vente
du 3 décembre 1781.

A cette époque, en effet, la Ville en vendant à des
particuliers les terrains avoisinant l'arsenal, terrains
sur lesquels était édifié l'hôtel convoité par le Tribunal, la Ville dis-je avait bien compris que les
quartiers neufs qui allaient se construire sur ces
terrains seraient les plus beaux et attireraient fata-
lement les plus riches établissements au préjudice
des vieux quartiers qui se dépeupleraient et per-
draient ainsi rapidement de leur valeur. Elle voulu
donc apporter un tempérament à cet exode prévu et
c'est alors que, par l'article 7, elle interdisait aux
nouveaux propriétaires de louer aux établissements

publics aussi bien qu'elle défendait à ces derniers de se déplacer.

Défenseurs des vieux quartiers qu'êtes-vous devenus depuis !... Mais alors vous ne voulûtes rien entendre et force fut à la Justice consulaire de rétamer sa vieille balance et de continuer à pester dans son intolérable réduit, après l'avoir réparé tant bien que mal, grâce aux 3.000 francs dont la Chambre de Commerce en bonne sœur et riche voisine lui fit le charitable cadeau (1826).

Avec 3.000 francs on faisait beaucoup de choses en ces temps-là. L'argent était encore rare et ce devait être un véritable régal pour les plaideurs enragés de se présenter à la barre du Tribunal consulaire, vu le peu de frais qu'entraînait alors la dispute litigieuse si j'en juge d'après ce.

Tarif des dépens et honoraires près le Tribunal de Commerce de Marseille en juin 1828.

AFFAIRES DE COMMERCE DE TERRE

Dresse de toute citation introductive d'instance.................................... F 3 »
Pour la copie le 1/4.

Copies des pièces signifiées avec la demande ou dans le cours de l'instance par rôle... 0 27

Actes extrajudiciaires, sommations, offres, etc.. 3 »
Pour la copie le 1/4.

NOTA. — Il n'est rien dû pour dresse de commandements de payer, exploits de signification de pièces ou jugements et actes d'exécution.

Dresse des étiquettes dans toutes les affaires	3	»
Obtention d'un jugement par défaut dans toutes les affaires.........................	5	50
Plaidoiries à tous jugements interlocutoires et préparatoires...................	5	50
Plaidoiries et assistance aux jugements contradictoires portant condamnation n'excédant pas 1.000 francs en principal.	6	75
Et sur condamnation au dessus de 1.000 fr.	13	50
Assistance aux renvois (trois renvois maximum en dessus plus rien)...........	2	»
Assistance au serment des experts........	3	»

(Les assistances aux opérations des experts seront à la charge de la partie qui l'aura requise et dans ce cas elle sera taxée comme celle des experts)

Assistance aux actes de cautionnement aux greffes............................	3	»

(Assistance aux prestations de serment des parties à l'audience lorsque le serment ne sera pas à la même audience ou le jugement qui l'ordonne aura été rendu).

Assistance au serment des Israélites à la Synagogue............................	6	»
Assistance à l'audience à laquelle le rapport a lieu........................ F.	7	50
Dans les affaires à rapport, il sera dû en outre pour droit de consultation........	9	—
Pour l'adresse de toute requête dans toute affaire tant maritime que de commerce de terre y compris la vacation pour prendre l'ordonnance........................	3	—

AFFAIRES MARITIMES

Droit de consultation pour toute demande excédant 300 francs...................	9	—

Dresse de l'abandon acte ou demande. . . . .   10 —
   1/4 pour la copie.
Plaidoirie maritime au-dessus de 300 francs   13 50
   et au-dessous.   7 50
Droits de rôle 25 centimes par chaque
   article dans toute contestation soit maritime soit de commerce de terre.
Le droit de greffe à raison de sa taxe
   des dépens est de 15 centimes par article.

Plaidoiries maritimes en dessus de 300 francs,
13,50 ! !... Je vois d'ici les Estrangin, les Autran,
les David, les Couve, les Talon, etc.

Quelle misère pour Messieurs les avocats! et
certes il n'y avait pas de quoi se plaindre car le Tribunal était encore bien moins large pour ses appariteurs; ces bons appariteurs dont Dagier succédant
à une longue suite d'aïeux tient aujourd'hui le
sceptre.

Là c'était vite réglé, le Tribunal donnait 50 francs
par mois sur lesquels le malheureux avait à prélever
15 francs pour l'homme de peine qui l'aidait chaque
jour dans le plus gros de sa besogne.

Aussi pour augmenter un tantinet ses gages, le
père Trotebas qui avait succédé en 1805 au vieux
Lazarin Mondin dont nous avons parlé, (ce qui rend
aujourd'hui séculaire dans cette famille la fonction
de concierge), le père Trotebas, dis-je, le premier du
nom et de la race, faisait circuler de temps à autre
parmi les avocats une feuille de souscription appelée
« *Piladure* » (mot provençal dont le radical est le
même que celui du mot français « pitance »), sur
laquelle feuille M. Lecourt, bâtonnier de l'ordre,
s'inscrivait magistralement en tête pour la somme
ronde de 3 francs, et dont le geste noble était imité
peu ou prou par la foule de ses autres confrères
MM. les Avocats.

13

Quand le père Trotebas n'était pas satisfait de sa collecte, il avait la ressource de conter sa peine à Mademoiselle Antoinette, qui apportait tous ses soins à consoler ce vieil ami. Je laisse ici la parole à maître Suchet, l'ancien mais toujours sympathique bâtonnier de qui je tiens ces menus faits donnant sa couleur locale au Tribunal de ce temps-là.

« En 1849 j'étais étudiant en droit et sur le conseil de maître Ludovic Cournand je suivais les audiences du Tribunal de Commerce, qui siégeait alors à la rue Saint-Jaume. Cournand me présenta lui-même à Mademoiselle Antoinette.

« Mademoiselle Antoinette était une vieille fille, grassouillette, figure ridée, cheveux gris et frisés en papillottes, physionomie gracieuse et mobile. Je ne sais si elle avait été jolie, mais sûrement elle avait dû être fraîche et agréable. Tous les jours Mademoiselle Antoinette arrivait la première à l'audience et allait invariablement se placer à droite à côté de l'horloge. Cette place était si bien considérée comme étant la sienne, que personne ne se serait avisé d'aller l'occuper. Elle portait un de ces réticules très à la mode sous le Directoire et qui le sont redevenus dans ces derniers temps, elle en sortait une paire de lunettes et un tricot, et se mettait à tricoter fébrilement. Mais dès que l'huissier annonçait l'ouverture de l'audience, lunettes et tricot rentraient dans le réticule et Mademoiselle Antoinette suivait attentivement les débats. Sa physionomie mobile montrait qu'elle y prenait un vif intérêt. Très souvent les avocats au sortir de l'audience ou avant l'ouverture et en prévision du jugement qui allait être rendu, demandaient l'opinion de Mademoiselle Antoinette. Elle la donnait sans se faire prier et sans la motiver, se bornant à dire M. un tel doit gagner ou perdre son

procès. Le plus souvent l'opinion de Mademoiselle
Antoinette était conforme à celle du Tribunal. Mais
il lui arrivait quelquefois d'en différer et le perdant
se consolait en disant : J'ai eu pour moi l'opinion de
Mademoiselle Antoinette. Les mauvais plaisants
prétendaient qu'elle était amoureuse de l'avocat
Berthou, ce qui motivait sa présence à l'audience; je
crois qu'elle aimait seulement la bonne chaleur du
poêle et l'art de bien dire.

« En 1853, les avocats furent admis à plaider en
robe, et une enceinte spéciale leur fût réservée. (Arrêt
du Tribunal de Commerce du 25 juin 1853 rendu sur
la demande de MM. les avocats et avoués qui payèrent tous les frais de la nouvelle installation). Jusqu'alors avocats, avoués, agents d'affaires, plaideurs
étaient confondus. La place habituelle de Mademoiselle Antoinette se trouvant comprise dans l'enceinte réservée et les femmes n'étant pas alors admi-
ses au barreau, elle dut renoncer à l'occuper. A
partir de ce moment, Mademoiselle Antoinette cessa
complètement de paraître à l'audience.

« Je croyais ne plus la revoir, lorsqu'à quelque
temps de là, j'eus l'occasion de la rencontrer au
jardin des Plantes. M. Solze, directeur de cet établissement, professait un cours public de botanique.
Les leçons se donnaient en hiver dans la serre et en
été dans le jardin. Au premier rang des auditeurs,
je reconnus Mademoiselle Antoinette tricotant en
attendant le professeur et faisant disparaître son
tricot à son arrivée. Mademoiselle Antoinette avait
remplacé la jurisprudence par la botanique ».

Ici s'arrêtent les souvenirs de maître Suchet. Je
puis y ajouter un détail qu'il a dû ignorer, et qui
explique bien des choses sur la présence régulière
de Mademoiselle Antoinette aux audiences; c'est

qu'elle était l'intermédiaire ou plutôt le facteur attitré entre le greffe et les journaux *Le Sud*, *Le Sémaphore*, *Le Nouvelliste* et plus tard *Le Courrier* auxquels elle portait les annonces légales de constitution ou de dissolution de sociétés ».

Disons à ce propos que le tarif de ces insertions fixé toutes les années par le tribunal dans la première quinzaine de janvier était de 15 centimes la ligne. Voilà encore une denrée qui a singulièrement depuis augmenté de prix. Du reste ces prix modestes étaient à l'avenant des ressources encore plus modeste du Tribunal. Avec 2000 francs alloués annuellement par le ministère de la justice, le Tribunal consulaire doit suffire à tout. Voici à titre d'exemple une répartition pour l'année 1845 de ce colossal budget.

Concierge .... F.	650
Chauffage	590
Éclairage	155
Frais de bureau.........	156
Impressions..............	118
Achat de linges et leur nettoyage................	147
Balais, plumeaux et brosses........................	158
Voitures pour solennités.	59
Réparations pour sonnettes, serrures, tuyaux de poêles...............	62
Menues dépenses.........	32
Achats de verres.........	14
Total...............	2139

Si le Tribunal, et pour cause nous le voyons, ne péchait par pas excès de munificence ni envers

MM. les Avocats, ni envers son concierge, ni envers les journaux chargés de sa publicité, il avait gardé pour lui et à moins de frais encore, toutes les rigueurs d'un travail acharné.

En dehors des fêtes concordataires je ne trouve de 1820 à 1859, dans une période de près de quarante ans, aucune vacance ni chômage autre que celui de 1835, année du choléra. C'est qu'à cette époque toute la jurisprudence du Tribunal était à créer; les affaires se modifiaient de jour en jour et la ville croissait d'heure en heure. En outre, le Tribunal avait à instruire toutes les demandes adressées à la Préfecture et par cette dernière à lui transmises, d'une multitude de postulants aux charges d'agents de change ou de courtiers en marchandise, de courtiers d'assurance maritime, de courtiers interprètes conducteurs de navires, nominations qui se renouvelaient sans cesse par suite de démissions ou de décès et qui donnaient lieu sans cesse aussi à de nouvelles instances et de nouvelles instructions.

Rien qu'à la date des 10, 11 et 12 octobre 1859, une ordonnance royale du 26 août de la même année ayant créé septante charges nouvelles de courtiers royaux, je trouve consigné sur le registre du Tribunal l'instruction de soixante-dix demandes correspondant à ces charges et comprenant chacune les pièces y afférentes plus une enquête faite auprès de 10, 15 et jusqu'à 17 négociants sur la valeur de chaque postulant et sur le prix de la charge que le Tribunal se réserve d'agréer ou de rejeter.

Le prix d'un office de courtier en marchandises valait à cette époque de 12 à 15.000 francs. De 1847 à 1855, il s'élève en moyenne jusqu'à 70 et 80.000. A la veille du rachat des charges en 1859, M. Cameau acheta la charge de M. Duroure 110.000 francs et

M. Baudouin paya jusqu'à 140.000 francs la sienne.
Ce fut le prix le plus élevé auquel ces offices atteignirent. En 1866 l'État en les rachetant fixa indistinc-
tement leur prix à 120.000 francs qui furent payés
aux bénéficiaires une partie comptant et une partie
à terme sans intérêt.

Les agents de change, eux, ne donnent pas tant de
peine. Par une lettre du 8 juillet 1828, nous voyons
que par ordonnance royale du 15 octobre 1817 ils ont
été réduits au nombre limité de 5, mais depuis le
mois de mai 1819 où un jury fut formé par le Tribunal pour compléter ce nombre qui était tombé à
deux, je ne trouve plus trace d'aucune demande. En
1832 les agents de change étaient encore à peine au
nombre de trois seulement, et depuis le 29 germinal
an 7, date de l'établissement du jury pour leur nomination, je ne trouve que 3 ou 4 séances du jury
mentionnées sur les registres du Tribunal jusqu'en
1840. Il faut arriver à l'ordonnance royale du 10 mars
1846 créant 10 nouvelles charges d'agents pour voir
ce jury chargé de se prononcer sur la capacité des
agents, se réunir et fonctionner régulièrement.

Rien de changeant du reste comme le régime qu'a
subi depuis son institution l'agent de change. Confondu pendant longtemps avec les courtiers de
marchandises, il commence à se spécialiser pour la
première fois et à s'appeler *agent de change et de
banque* dans un arrêt du Conseil d'État du 12 avril
1639. Supprimée à la Révolution comme office la
profession d'agent de change devient libre. La loi du
28 ventôse an 9 rétablit la charge sous condition du
versement préalable d'un cautionnement allant de
6.000 à 60.000 francs ; mais ce ne fut qu'après l'ordonnance de 1846 dont j'ai parlé plus haut, c'est-à-
dire le 3 mai 1847, que s'ouvrit pour la première fois
le parquet tel que nous le connaissons encore au-

jourd'hui et qui fonctionna tantôt de 1 heure à
2 heures, tantôt de 3 à 4, tantôt enfin de 11 h. 1/2 à
12 h. 1/2 comme actuellement. De 20 leur nombre
tombé à 16 revint plus tard à 18. De 1850 à 1856 les
charges valent de 35 à 75.000 francs, de 1857 à 1865
elles montent jusqu'à 175.000, de 1866 à 1879 elles
tombent brusquement de 100.000 à 25.000 francs
pour se relever de nos jours à 80 et 100.000 francs.

Le président Puget n'aimait pas les agents de
change. Encore sous le coup du douloureux souvenir
laissé par les assignats, il ne pardonnait pas aux
agents leur trafic de titres qu'il mettait tous dans le
même panier les estimant tous plus ou moins véreux.
Aussi dès qu'un agent de change se présentait pour
le serment à la barre du Tribunal (chose assez rare
comme je viens de le dire en ce temps là), il ne
manquait jamais après la formule réglementaire
d'ajouter : « Deman si revillan venti de brayo de
papier ».

En 1848 lors de la proclamation de la République
la panique s'empara du marché et les fonds publics
ainsi que toutes les valeurs subirent une baisse
effroyable. La légende alla jusqu'à dire, tellement
tous les titres étaient dépréciés, que Madame Talla-
bot se servait des obligations du chemin de fer en
guise de papillottes pour faire et tenir les boucles de
ses cheveux. Un agent rencontrant M. Puget lui
rappela alors ses pronostics d'antan, ce à quoi le
malicieux Président répliqua « Are aven plu de brayo,
lei fremo se li metton su la testo ».

Enfin le jury chargé de nommer les courtiers-
interprètes, conducteurs de navire ainsi que les
courtiers d'assurances maritimes et d'examiner les
capacités des divers candidats se réunit au moins
une fois par trimestre; c'est dire que le mouvement
dans cette branche de l'activité commerciale est

presque aussi vivace que celui qui se manifeste
pour les courtiers royaux. Ce jury était formé du
président du Tribunal de Commerce, du président
de la Chambre et de quatre autres négociants notables choisis par chacun d'eux.

Le nombre de ces charges de courtiers-conduc-
teurs de navires a passé de 15 à 45 et est retombée
de nos jours à 20. Leur prix a subi les fluctuations
de leur nombre. Cotées de nos jours environ
20,000 francs, selon la clientèle, elles valaient
3000 francs seulement vers 1866.

Ce va et vient constant d'examinateurs et de candidats; ces intérêts de positions, de situations sans
cesse en mouvements qui se débattaient au centre du
Tribunal, lui donnaient une physionomie presque
universitaire et un peu mercantile qu'il n'a plus de
nos jours. Mais c'était sans préjudice aucun pour la
physionomie judiciaire qu'il a par contre conservée
et qu'il tâchait de rendre plus forte de jour en jour
par une multitude d'innovations utiles qui passeront
plus tard dans la loi, mais que le pouvoir du moment
comme tous les pouvoirs du reste commence de
prime abord par rejeter, témoin cette lettre du 18
janvier 1836 et la réponse qui la suit :

« Monsieur le Préfet,

« Le Tribunal de Commerce, frappé des inconvénients graves qui sont résultés en plusieurs circonstances de la libre disposition des fonds des faillites
laissés aux agents ou aux syndics s'est occupé des
moyens d'empêcher le retour des abus dont il a eu
plus d'une preuve?

« Il a pensé qu'il conviendrait que les fonds aussitôt recouvrés fussent versés en compte courant à la
caisse du Trésor pour n'en être retirés qu'au furet à

EUGÈNE ESTRANGIN
Président du Tribunal de Commerce (1851-1852)
donna sa démission au Coup d'État.

Photog. P. Petit. — Cliché E. Villard.

mesure des besoins et sur les bons à payer signés par M. le Commissaire de la faillite et l'agent comptable (soit agent, soit syndic de la faillite). »

Cette demande si simple dont l'exécution devait plus tard être si acrimonieusement poursuivie par les trésoriers-payeurs généraux qui en tirent un léger profit, est accueillie à cette époque par un refus pur et simple. Le 6 février 1836 le Tribunal le constate et écrit :

« Monsieur le Préfet,

« J'ai reçu votre lettre ainsi que la copie de la réponse négative du Ministre. Le Tribunal de Commerce regrette que ses vues n'aient pas été partagées quant au dépôt à la caisse du Trésor, mais pour ne pas laisser compromettre des intérêts qu'il croit sacrés, il va prendre d'autres mesures pour mettre à l'abri de toute dilapidation les fonds provenant des faillites, etc., etc. »

Du reste cette question des faillites presque aussi vieille que lui est le souci constant du Tribunal. Chaque Président apporte ses vues personnelles en la matière, sa méthode, sa réglementation, et surtout ses nouveaux syndics, depuis que la loi de 1835 a permis de les prendre en dehors des créanciers.

Le nombre des syndics atteint sous le Président Estrangin le chiffre fantastique de 40 pour une moyenne annuelle de 42 faillites, moyenne constatée pour les vingt années précédentes. Sur ces 42 faillites 12 se clôturant pour insuffisance d'actif, ne donnent absolument rien aux syndics et les 30 autres donnent en bloc environ 24.000 francs. Souligner ce dernier chiffre et le mettre en regard des 40 syndics, c'est donner la cause principale des abus et le principe de la réforme que précha et fit adopter le Président Estrangin (1).

Tout est à lire dans le mémorable rapport qu'il fournit à ce sujet au Tribunal et dont il fit adopter les conclusions dans sa délibération du 4 octobre 1851. Par cette délibération, le Tribunal réduit pour le moment le nombre des syndics à 15 pour le ramener finalement à 10, au fur et à mesure des décès et crée un secrétariat des faillites dans lequel chacune d'elle aura désormais sa comptabilité propre, et qui servira à chaque créancier pour se rendre compte de la gestion de ses intérêts. C'était un grand progrès que le Tribunal n'avait pu obtenir jusque là faute de 2500 francs pour payer le secrétaire, somme en vain réclamée à maintes reprises.

Aujourd'hui que le greffe a pris en ses puissantes mains cette comptabilité qui est devenue la pierre angulaire du règlement de compte des syndics, nous ne voyons pas combien sans elle tout serait obscur et louche dans la gestion d'affaires si nombreuses et si diverses. Du reste tous ; débiteurs, créanciers, juges, commissaires, Tribunal, syndics et greffier lui-même devaient y trouver largement leur intérêt. Je dis même le greffier car ce n'est pas sans un prélèvement peut-être un peu plus qu'égal à sa peine qu'il tient en ordre la comptabilité des faillites. D'ailleurs les successeurs du fils Trouilhas sont aujourd'hui d'autres messieurs que le confident des plus intimes dessous de M. Lombardon ; les revenus du greffe ont cru en proportion de leur importance. Depuis cette époque le prix de la charge a suivi, même devancé quelquefois, une telle prospérité.

En 1827 le prix de cet office est compté 22.000 francs

_____

(1) Noble caractère qui préféra quitter son siège que prêter serment à l'Empire.

à M. Moreau. En 1859 le 6 décembre le Tribunal
appelé à fixer la valeur de ce même office en faveur
de M. Ducoin succédant à M. Moreau, révoqué,
l'établit au prix de fr. 117.000 en calculant à 12 o/o
un bénéfice net qui s'élevait à cette époque à
fr. 14.017 42.

Enfin M. Ducoin transmet sa charge de greffier
en 1876 à M. Lalubie le père au prix de 290.000 francs.
Cet office après être resté vingt-sept ans dans
cette famille n'en est sorti que tout récemment pour
passer aux mains de M. Ravel avec une majoration
importante sur son dernier prix coté plus haut.

Mais tous ces travaux que je viens d'énumérer
dans leur grande ligne ne font pas perdre au Tribunal
le souvenir de ce qu'il doit au pouvoir. Il est au
mieux avec lui. C'est d'abord le Président Casimir
Roussier qui le 30 août 1843, dans le premier discours
d'installation que je trouve relaté sur les registres du
Tribunal, discours qui se sont régulièrement répétés
depuis, n'oublie pas de rendre hommage au roi et à
son auguste famille. Ce sont ensuite des adresses
nombreuses à lui envoyées, soit à l'occasion de deuils,
soit à l'occasion de mariages, mais surtout à l'occasion d'attentats contre sa personne, attentats qui se
renouvellent sans cesse. Si ce pauvre Louis Philippe
avait reçu tout le plomb qui lui était destiné et dont
je retrouve les traces indirectes dans les regrets du
Tribunal si souvent exprimés, nul doute que sa
royale personne n'eût fini par devenir une véritable
écumoire.

Quand on lit dans ces registres du Tribunal, jaunis
par le temps, entre un règlement pour les officiers
visiteurs et un brevet de capacité pour un courtier
maritime, quand on lit, dis-je, toutes ces adresses des
25 juin et 27 décembre 1836, du 15 octobre 1840, du
15 juillet 1842, du 26 avril et 29 juillet 1846 et que

l'on voit ces signatures plus ou moins lisibles et
tremblantes des Canaple, des Roussier, des Pastré,
des Bazin, des Estrangin, des Rabaud, des Labattut,
des Jules Magnan, c'est toute l'histoire moderne de
Marseille que l'on évoque avec l'image de ses fonda-
tions, industries et commerces puissants qui ont fait
si longtemps la force et la renommée de notre cité et
dont ses consuls, nos pères, restèrent si longtemps
les maîtres après en avoir été les initiateurs.

Tant d'attachement au pouvoir et tant de dévouement pour la chose publique allaient attirer coup sur
coup au Tribunal trois récompenses dont l'une dans
l'ordre matériel n'était pas de moindre importance
que les deux suivantes dans l'ordre moral.

On n'a pas oublié les tenaces et très anciennes
réclamations au sujet du local consulaire, qui revien-
nent sans cesse au courant des lettres adressées par
les divers présidents aux préfets qui se succèdent à
la tête du département. C'est un véritable *leit motiv*.
Le nom n'avait pas encore fait fortune à cette époque
pas plus du reste que les prières réitérées du Tribunal. Il faut croire que l'on attendait une occasion.
Elle se présenta avec l'édification du nouveau Palais
de Justice érigé sur la place Monthion.

En effet, par sa lettre du 25 janvier 1840, le préfet
de l'époque adresse au président Roussier les plans
de l'édifice projeté et le prie de donner son avis sur
la portion du monument que l'on se propose
d'affecter à la Justice consulaire.

Je ne sais si le vieux levain qui avait autrefois si
fortement fermenté entre les juges civils et les juges
de commerce ne vint pas contrarier ce projet de
future cohabitation, ou si la raison de l'étroitesse du
nouveau local invoquée par le Tribunal fut bien la
véritable, le fait est que le président Roussier refusa
net cette proposition et que lorsque le 15 octobre 1845

MÉDAILLES OFFERTES AUX PRÉSIDENTS ET AUX JUGES
DU TRIBUNAL DE COMMERCE.

le préfet revint à la charge, le Tribunal clôtura la délibération qu'il prit à ce sujet par cette simple phrase : « La place naturelle du Tribunal n'est pas dans le Palais de la Justice civile, mais dans le Palais de la Bourse dont la construction ne peut tarder à être entreprise. »

C'était y voir juste et couronner par un peu de patience tant de si louables et si tenaces efforts.

En effet, le Palais de la Bourse est construit ; une place digne de lui est faite au Tribunal et il vient l'occuper le 2 octobre 1860, quelques jours seulement après le banquet donné à L. M. l'Empereur et l'Impératrice dans la grande salle de la Bourse, le 16 septembre 1860. Majestueux événement ! auquel M. le président Gimmig ne peut manquer de rattacher comme plus solennelle la nouvelle installation du Tribunal. Dans son discours d'ouverture, il est tout au bonheur d'avoir à ses côtés pour cette fête unique les membres anciens et nouveaux du Tribunal et tout en jetant un regard reconnaissant sur l'ancien local de la rue Saint-Jaume, il se félicite autant de l'avoir quitté que de devoir cet heureux changement à sa riche et bonne voisine la Chambre de Commerce.

« Messieurs,

« En venant aujourd'hui prendre possession de la partie du Palais de la Bourse qui a été réservée à la magistrature consulaire, les membres du Tribunal de Commerce se trouvent encore placés sous la vive impression qu'a laissé gravée dans leur esprit la splendide inauguration de ce beau monument, à laquelle ils ont tous assisté, il y a peu de jours, et dont l'éclat a été rehaussé par l'auguste présence de Leurs Majestés l'Empereur et l'Impératrice.

« La date du 10 septembre restera une date mémorable pour le commerce marseillais, et c'est avec un sentiment de légitime orgueil que nous vous demandons la permission de rattacher à cette date l'installation de notre Tribunal dans le nouveau local qui lui est affecté, et de lier de la manière la plus étroite par la force du souvenir et de la reconnaissance notre modeste installation avec cette grande et retentissante solennité. »

Cette cohabitation avec la Chambre de Commerce va désormais resserrer encore l'union qui existait depuis longtemps déjà entre cette dernière et le Tribunal et c'est ici que se place la seconde récompense dont j'ai plus haut parlé.

Par sa lettre du 16 octobre 1861, en effet, la Chambre avise le Tribunal qu'elle a décidé de donner à l'avenir une de ses médailles d'argent à chacun des membres du Tribunal de Commerce, *tant en vue de resserrer les liens qui l'unissent au Tribunal que pour donner aux Juges consulaires un témoignage de sa considération.*

Le Tribunal ne veut pas être en reste de courtoisie, mais comme la Justice est un parent pauvre et qu'il ne peut répondre de même monnaie à pareille largesse, il fait tout ce qu'il peut en votant par acclamation, le 22 octobre 1861, la mention suivante inscrite à son procès-verbal :

« Le Tribunal de Commerce a décidé qu'à l'avenir et à partir de cette année tous les membres de la Chambre de Commerce seront priés de faire au Tribunal l'honneur d'assister aux audiences solennelles d'installation de ses nouveaux membres. »

Et voilà pourquoi depuis cette époque et aussi longtemps que durera cette touchante harmonie entre le frère et la sœur, nos arrières-neveux devront les uns à la Chambre, une médaille grand module, gravée à leur nom et les autres devront au Tribunal, une audience solennelle dans laquelle ils entendront chaque année le discours du Président qui n'oubliera pas un petit mot aimable et bien tourné à leur endroit.

Enfin comme un bonheur ne vient jamais seul, et ce sera là, la troisième récompense annoncée, je transcris ci-dessous le procès-verbal de la délibération de la Cour impériale d'Aix sur la mercuriale de 1861.

« L'an 1862 et le 7 août à midi, M. le conseiller Reynaud nommé rapporteur sur la partie des Travaux de la Justice relative aux éloges, à adresser à certains tribunaux du ressort ayant fini son compte-rendu, M. le Premier Président a donné la parole à M. le Procureur Général. Ce magistrat après avoir présenté ses observations s'est ensuite retiré avec MM. Sandbreuil, de Gabrielli, Lescouvé et Lalubie, greffier en chef, pour laisser délibérer la Cour ; cette délibération terminée, ils sont rentrés dans la Chambre du Conseil où M. le Premier Président a dit à haute voix ; que la Cour adoptait les conclusions de la Commission portant qu'il y avait lieu à l'unanimité de décerner des éloges au Tribunal de Commerce de Marseille. »

Cette délibération effaçait après quarante ans jour pour jour à un mois près, le fameux et désastreux jugement du 7 septembre 1818.

Désormais la Cour saisira toutes les occasions pour manifester au Tribunal de Commerce de Marseille et sa sympathie et sa considération.

J'en donnerai deux exemples ; l'un est l'allocution adressée le 24 janvier 1881 par le Premier Président,

Rigaud au président Rivoire, allocution que je
relate ci-dessous ; l'autre est la venue des membres
de la Cour au sein du Tribunal de Commerce à
l'occasion de son cinquième centenaire, évènement
que je relaterai plus loin, et qui me servira de
conclusion logique à ce long exposé des faits et
gestes du Tribunal de Commerce de Marseille durant
500 ans.

« M. le Président Rivoire ;

« En vous voyant remonter pour la troisième
fois sur votre siège je ne sais en vérité qui je dois
féliciter le plus, de vous, de vos électeurs, ou de la
Justice : de vous qui par ce mandat si souvent
répété recevez un hommage tel qu'aucun de vos
prédécesseurs, paraît-il, n'en reçut de pareil jusqu'ici;
de vos électeurs qui en vous nommant ont fait
preuve d'un grand bon sens et d'une rare intelligence de leurs intérêts; de la Justice enfin qui ne
peut que s'applaudir de se voir confier une fois de
plus à des mains aussi dignes et aussi exercées.

« Pour sortir de cet embarras, je confonds l'élec-
teur et l'élu dans des félicitations égales et je
supprime entièrement celles qui reviendraient à
la Justice; la Justice est au-dessus des vanités
humaines et peut au surplus se contenter du profit
qu'elle retirera de votre nomination. »

Ainsi présenté le Président Rivoire est tout de
suite dans le cadre qui lui convient. Peu d'hommes,
en effet, ont comme lui identifié la fonction.

A peine entré au Tribunal comme simple juge en
1867 il commence déjà à attirer les regards. C'est sur
son inspiration qu'aux jours néfastes de 1870 le
Tribunal se rapproche du Conseil Municipal pour *la
sauvegarde des intérêts généraux de la Cité* (lettre du

FRANÇOIS RIVOIRE
Président du Tribunal de Commerce élu trois fois à cette charge
(1872-77 — 1881-87).

Collection du Tribunal de Commerce. — Cliché E. Villard.

7 septembre). C'est sous sa même inspiration qu'une
nouvelle prorogation des échéances est demandée
pour éviter *de nouveaux désastres commerciaux*
(lettre du 8 septembre).

Devenu Président c'est lui qui, le 21 août 1875, fait
dresser les grandes plaques de marbre où sont
inscrits les noms de tous ses devanciers depuis 1891
et qui servent au Tribunal comme de préface et de
livre d'or.

C'est lui qui réorganise de fond en comble le pilo-
tage et convoque à cet effet des assemblées commerciales du 24 février 1883, du 1er juillet et 7 octobre 1884,
des 19 juin et 20 octobre 1885. Son activité se manifeste partout. Réglementation des courtiers maritimes, propriété industrielle des marques de fabrique,
brevets d'invention, lois sur les sociétés, réglementation des syndics et des faillites, rien ne lui demeure
étranger.

Entouré d'une pléiade d'esprits supérieurs comme
les Charles Roux, les Félix Fournier, les Augustin
Féraud, les Le Mée, les Gros, les Arnaud, les Barthélemy, dont il est inutile de souligner le grand rôle
joué depuis, il ne laisse pas un instant de repos
à leur initiative féconde. Ces trois derniers devien-
dront même présidents après lui et seront les conti-
nuateurs de sa pensée et de son œuvre.

Et tout ce que fait le Président Rivoire est durable
parce que tout ce qu'il fait est frappé au coin du bon
sens et du partage égal des intérêts. Tranchant, parce
que son jugement est droit, fin, aiguisé, sagace et
solide, il devient légendaire par sa justice distributive
et trop souvent sommaire. Les avocats le craignent,
les hommes d'affaires le redoutent. Sa jurisprudence
est martelée de principes commerciaux qui pour la
plupart lui survivent. Bon et secourable aux détres-
ses commerciales, il sait panser de la main gauche

14

les plaies qu'est obligée de faire sa main droite. Peu tremblant et encore moins timide, il couvre ses subordonnés je puis dire jusqu'à la mort.

Aussi ses boutades les plus caustiques, ses brusqueries les plus déconcertantes lui sont-elles pardonnées et pas un ennemi ne se lève lorsque cette belle figure se décompose et disparaît.

Ce fut le 30 janvier 1886 à 6 heures du soir que M. Rodrigues, 1er juge, apprend au Tribunal convoqué à la hâte la mort de son vénéré Président.

Le Tribunal consterné décide de lui faire des funérailles solennelles. Un billet de faire part à son nom est envoyé à tous les fonctionnaires civils et militaires. Le Président du Tribunal civil lève son audience du lendemain en signe de deuil et les visites de condoléance affluent au Tribunal dans la première chambre toute tendue de noir et transformée en chapelle ardente. Le corps y est transféré le 1er février à 7 heures du matin à la place même du fauteuil qu'occupa de si nombreuses années le Président. Une foule nombreuse et recueillie est admise à circuler devant sa dépouille mortelle, depuis cette heure matinale jusqu'à 9 heures et demie où commença la triste cérémonie.

Le drapeau du Tribunal est en berne et les cloches des Augustins sonnent le glas. Toutes les autorités civiles et militaires, tous les corps constitués ont tenu à honneur de venir donner au Président Rivoire un dernier témoignage de leur grande considération. Une énorme couronne dont le centre figure les attributs de la justice, est portée derrière le char par deux appariteurs. Le Tribunal au grand complet et le Tribunal civil en robe viennent ensuite suivis du Préfet Cazelles, du général de la Place et de la troupe rendant les honneurs. Peu après défilent 15 poêles au nom de toutes les œuvres et de toutes les asso-

ciations dont faisait partie le défunt. Les huissiers,
les avocats en robe, les notaires, les avoués viennent
ensuite. Enfin deux mille parents ou amis ferment
la marche. Après le service funèbre à l'église des
Augustins, le cortège se dirige vers la place de la
Préfecture où il s'arrête. Les assistants prennent là
les voitures pour se rendre au champ des morts où
M. Rodrigue dit un dernier adieu à cet ami, l'orgueil
du Tribunal et l'honneur de la Justice consulaire.

Au retour du cortège, comme si au milieu des
choses les plus tristes la gaieté faisait la gageure de ne
jamais perdre ses droits, une vieille femme voyant
passer tous ces magistrats, ces avocats, ces huissiers
en robe demanda toute surprise qui ils étaient, et
comme un passant mal habile aux subtiles distinc-
tions des toques, des simarres et des rabats lui eut
assuré que c'était là tous des avocats... « Bouen
Dieou ! » fit-elle estomaquée « la famillo d'au paoure
mouart saoura ce que li couesto ! »

Au contraire pourtant de ce qu'en croyait la pauvre femme ni MM. les avocats, ni personne ne dut
coûter cher en la circonstance, car je ne retrouve
nulle part sur les registres la trace des frais de ces
funérailles solennelles et ils durent être considérables.

Cependant le budget du Tribunal était à cette
époque à même de les supporter, car de 2.000 francs,
chiffre où nous l'avons laissé en 1845, nous le
retrouvons en 1883 et 1887 grossi jusqu'à 14 mille
francs. Je n'en donnerai pas le détail pour ne pas
fatiguer le lecteur, mais qu'il me suffise d'expliquer
cette progression par l'augmentation constante du
nombre des affaires qui s'élèvent alors à 10.000
annuellement. Naturellement le nombre des juges
croît en rapport avec elles et passe de dix qu'il était

au commencement du siècle (1) à 14 en 1840, à 16 en 1859, à 18 en 1875, à 21 en 1886 pour arriver finalement à 25 nombre actuel. Mais plus naturellement encore augmentent avec le nombre des affaires et des juges les frais de toutes sortes tels que le chauffage, l'éclairage, les appariteurs, etc., etc.

Et pourtant ne sont pas compris dans ces frais ceux que sont obligés de faire les juges pour leur élection et qu'ils supportent tous personnellement. Ils sont lourds. Depuis que les lois de 1872 et 1883 ont élargi la base des élections consulaires, ces frais ont atteint quelquefois les jours de grande bataille, jusqu'à 1.500 et même 2.000 francs pour certains candidats. Le président Barthélemy qui institua durant sa brillante judicature tant de choses utiles au Tribunal, entre autres les jugements en conciliation, essaya de réfréner cet abus. La chose en valait la peine. car le juge consul toujours riche en dévouement se trouve parfois pauvre d'écus, et aux frais déjà lourds de son élection s'ajoutent encore pour lui ceux de la toque à bord d'argent, de la robe noire à longue traîne, et de la simarre moirée. On ne peut le taxer à ce sujet de prodigalité, car ce sont là ses armes, qu'il ne revêt pas sans une pointe d'émotion aux grands jours de prestation de serment devant la cour d'Aix ainsi que le lendemain à la messe du Saint-Esprit, dite chaque année aux Augustins ; cérémonie que ne manqueraient à aucun prix la maman et les petits qui, debouts sur leurs chaises et au premier rang, veulent voir défiler leur papa en robe.

Ce n'est pas tout encore, l'inspiration du Saint-

(1) Décret du 6 octobre 1899. — Ordonnance 15 décembre 1840. — Décret du 16 février 1859. — Décret du 23 avril 1875. — Décret du 10 décembre 1886. — Décret du 11 mars 1897.

LE CHATEAU VERT ET LE PONT D'ARENC, EN 1857 (d'après une lithographie d'Audibert).

Collection Rousset-Rouard. — Cliché E. Villard.

Esprit n'irait pas pour nos consulaires sans un léger
réconfort ou plantureux festin de corps auquel ils
doivent encore subvenir et qui est l'apothéose
(aujourd'hui on dirait le clou) de cette journée de
l'installation revenant chaque année au mois de jan.
vier. La jurisprudence du Tribunal a pu varier mais
le dîner des juges, qu'il ait eu lieu chez Casati, chez
Alcide, au Château-Vert, à la Réserve, etc... a toujours été assaisonné de la plus pétillante gaîté. Les
Présidents y ont toujours au dessert, prononcé leur
petit speach sentimental, humoristique ou bon papa.
et les juges n'ont jamais dédaigné, sous le masque
de Minos moins réfrogné pour la circonstance, de
laisser percer à leur tour leurs petits talents de
société.

J'ai une collection des menus de ces festins remontant jusqu'aux derniers jours du premier Empire.
Je ne la donnerai pas pour ne pas établir péremptoi-
rement que dans le siècle du progrès, ce qui a le
mieux progressé c'est encore la gourmandise.

Je ne fais exception que pour une particularité :
la boîte dite Bergamotte, pleine de muscardins que le
juge emportait de la table à la maison comme souvenir et présent donné par la justice à la femme et
aux enfants. Cet usage cesse vers 1843 où il est remplacé par une boîte de calissons et un cornet de
biscotins dont chaque juge se pourvoit à Aix en
allant prêter serment devant la Cour.

Ici s'arrête, à proprement parler, l'histoire
moderne du Tribunal; ce qui reste à dire date d'hier
et touche de trop près à l'historien pour qu'il n'en
soit quelque peu gêné. Un seul moyen lui reste pour
sortir d'embarras, c'est de se confiner dans son rôle
et de laisser sa physionomie propre au président
Magnan. C'est ce qu'il va faire.

La caractéristique de cette physionomie est le culte du souvenir. C'est à ce titre que dès son arrivée le président Magnan fait installer dans son cabinet les portraits des présidents Gros, Arnaud, Rivolre, hier encore vivants et que comme invite à ses successeurs, il fait graver sur leur cadre l'inscription suivante :

INEUNTE SECULO XX
IN HONOREM PRÆTERITI
IN SPEM FUTURI
D. LEO MAGNAN
PRÆTOR MERCATORUM
ANTECESSORUM SUORUM PICTAS IMAGINES
FIERI JUSSIT

Mais il ne suffit pas de conserver ce qui est presque le présent, il faut encore ressusciter le passé. Ce passé quel est-il ? jusqu'où remonte-t-il ? on l'ignore. Des indications vagues flottent bien çà et là ; des textes disparates marquent bien quelques étapes, mais la route, mais le point de départ, sont complètement inconnus. Les registres de l'Amirauté et de la Justice consulaire ont disparu dans la tourmente des révolutions. Les origines sont noires de la nuit des temps. Le président Magnan les cherche à tâtons et les trouve. Il en fait part au Tribunal qui décide de célébrer en 1902, par une fête monstre, sa grande majorité de 500 ans.

C'était pour la Justice consulaire ignorante de pareils galas sortir bien un peu de ses habitudes, mais en honnête personne, elle considéra qu'une fois tous les cinq cents ans n'était pas coutume et elle laissa faire.

La solennité eut lieu le 15 novembre 1902, à 3 heures de l'après-midi, dans la grande salle de la Bourse toute drapée et décorée de velours pour la circonstance. Au fond de la salle, sur la corbeille des agents de change, une grande estrade avait été dressée sur laquelle avait pris place le Tribunal, suivi de tous ses anciens présidents et de tous ses anciens membres. La Cour d'appel d'Aix, presque au grand complet, M. le premier président Giraud et le procureur général Sénac en tête, était présente dans l'assistance ainsi que douze cents invités pris parmi les notabilités de l'industrie et du commerce marseillais. M. le Garde des sceaux, ministre de la Justice lui-même, s'était fait représenter...... par une lettre assez gentiment tournée mais peu coûteuse dans laquelle on lit entre autres choses « que le ministre aurait volontiers indiqué par sa présence l'intérêt qu'il portait à une juridiction où la compétence professionnelle s'alliait au désintéressement le plus complet ». Enfin M. le Maire de Marseille, M. le Préfet, la Chambre de Commerce, les Présidents des Tribunaux de Commerce environnant la région et en un mot toutes les autorités, avaient occupé dès la première heure leur place marquée et retenue d'avance pour cette solennité.

Devant cet auditoire d'élite qui comptait 1.560 personnes, le président Magnan donna lecture de quelques extraits de la présente histoire du Tribunal qui parurent intéresser, et après sa péroraison suivie des applaudissements d'usage, les deux buffets installés sur les deux bas-côtés de la grande salle furent saignés à blanc pendant qu'un champagne généreux coulait de toutes parts et à pleins bords en l'honneur des consuls des temps anciens et nouveaux.

Le soir, à 7 heures, un grand banquet réunissait dans la merveilleuse salle des fêtes de la Chambre de Commerce les principales autorités et notabilités au nombre de 153. Chaque convive a son nom et la place de la table qu'il occupait soigneusement consi-

gnés sur les registres du Tribunal. Au champagne
neuf discours furent prononcés.

Tous ces discours, où rivalisaient entre eux et le
cœur et l'esprit, sont textuellement conservés et
forment une parure dont le Tribunal ne se dessai-
sira jamais.

Les reproduire tous serait trop long ; en donner
seulement quelques-uns serait partial ; le mieux est
d'en formuler le résumé commun qui me servira de
conclusion à ce modeste essai.

*Il est merveilleux que durant cinq cents ans la
Justice consulaire ait échappé à toutes les tempêtes
politiques aussi bien qu'aux tribulations administratives incessantes de notre pays ; il est merveilleux
qu'elle n'ait jamais depuis si longtemps manqué
d'hommes aptes à la bien et gratuitement servir ;
il est merveilleux surtout que ces hommes aient toujours conservé entre eux la plus étroite union, jointe
aux liens de la plus franche amitié.*

Pourquoi ?

*Parce que la Justice consulaire et les hommes qui
l'ont rendue ont toujours pratiqué les deux grandes
vertus qui contiennent toutes les autres : L'amour du
bien public et le désintéressement.*

*L'une sans l'autre ne vaut, car si l'on peut à la
rigueur ignorer quelquefois où se trouve exactement
l'intérêt public, on ne sait que trop et toujours, par
contre, où se trouve exactement le sien.*

LISTE

DES

Présidents du Tribunal de Commerce de Marseille

De 1791 à 1902

MM.

RÉBÉQUI, Pierre, 24 novembre 1791.

PASCAL, Jacques-André, 18 décembre 1792.

SIAU, Pierre, 4 juillet 1793.

PASCAL, Jacques-André, 1er novembre 1793.

FOURNIER, Jean-Baptiste, 5 messidor an II.

SIAU, Pierre, 15 germinal an III.

DUNANT, Jean-François, 1er nivôse an IV.

AUBIN, Pierre, 14 messidor an V.

AMY, Jean-Pierre, 1er jour complémentaire de l'an VII.

BRUGUIÈRE, François-Pierre-Philippe, 16 thermidor an IX.

MARTIN, Campian, A. V. M., 14 nivôse an XI.

GRAVIER, Laurent, ✳, 7 juillet 1813.

ROSTAND, Alexis-Joseph, ✳, 6 mars 1815.

LOMBARDON, Antoine-C., ✳, 7 juillet 1817.

DE SAYRAS, François-Hippolyte, 15 juin 1819.

STRAFFORELLO, Barthélemy, ✳, 2 juillet 1821.

ROUX, Pierre-Barthélemy, ✳, 24 avril 1822.

LUCE, Jean-Antoine-Lazare, 2 avril 1823.

AUTRAN, Paul, 4 juillet 1825.

MM.

ROSTAND, Alexis-Joseph, ✳, 9 mai 1827.
SÉJOURNÉ, Charles, 8 avril 1829.
PASCAL, Pierre-Jacques-Marie, 9 mai 1831.
PUGET, Wulfran, ✳, 8 mai 1833.
BENSA, Jean-Baptiste-Thomas, 6 juillet 1835.
RABAUD, David-Jacques, ✳, 12 avril 1837.
ROUSSIER, Casimir, ✳, 11 mars 1839.
PASCAL, Frédéric, ✳, 30 août 1843.
CANAPLE, Edmond, ✳, 17 décembre 1845.
ESTRANGIN, Eugène, 8 juillet 1851.
AUBE, François, ✳, 17 août 1852.
CANAPLE, Edmond, ✳, 29 novembre 1853.
POURTAL, Auguste, ✳, 1ᵉʳ octobre 1855.
GIMMIG, Jules, ✳, 17 octobre 1859.
RABATAU, Augustin, ✳, 10 novembre 1863.
LUCE, Gustave, ✳, 13 novembre 1867.
RIVOIRE, François, O. ✳, 16 avril 1872.
GROS, Charles, 17 janvier 1877.
RIVOIRE, François, O. ✳, 26 janvier 1881.
ARNAUD, Emile, ✳, 8 mars 1887.
BARTHÉLEMY, Félix, ✳, 17 février 1891.
GIRARD-CORNILLON, Louis, O. ✳, 23 avril 1895.
MAGNAN, Léon, 24 janvier 1899-1902.

TABLE DES MATIÈRES

TROISIÈME PARTIE

LE TRIBUNAL CONSULAIRE DURANT LE XIXᵉ SIÈCLE

Marseille. — Typ. et Lith. Barlatier, rue Venture, 19.

IMPRIMERIE BERGER-LEVRAULT

MARSDE

www.ingramcontent.com/pod-product-compliance
Lightning Source LLC
Chambersburg PA
CBHW071642200326
41519CB00012BA/2375